清华经济-金融系列图书

# 基金定投入门

周　峰◎编著

清华大学出版社
北京

## 内 容 简 介

本书共分为9章，第1章为基金定投快速入门，如基金和基金定投的定义、基金定投的原则、复利的计算、基金定投的误区等；第2章为基金定投的入市方法，即基金定投的流程和一般渠道、基金定投的注意事项、利用同花顺软件查看定投基金信息等；第3章为手把手教您运作基金，即基金的类型、运作、投资费用、投资收益和基金投资理财的整体思路等；第4章为基金定投选基的方法和技巧；第5章为股票型基金定投的技巧；第6章为债券型基金定投的技巧；第7章为指数型基金定投的技巧；第8章为QDII基金定投的技巧；第9章为基金定投策略。

本书结构清晰、功能详尽、实例经典、内容全面、技术实用，在讲解过程中既考虑读者的学习习惯，又通过具体实例剖析基金定投实际交易过程中的热点问题、关键问题及种种难题。

本书不仅适用于初入职场的年轻人、忙于工作的上班族、有财务需求目标的投资者、不愿炒股的投资者，还适用于基金投资的初学者、爱好者及具有一定炒基金经验的基民。

**图书在版编目(CIP)数据**

基金定投入门 / 周峰编著 .—北京：清华大学出版社，2023.4
（清华经济 - 金融系列图书）

ISBN 978-7-302-63209-2

Ⅰ . ①基… Ⅱ . ①周… Ⅲ . ①基金－投资－基本知识 Ⅳ . ① F830.59

中国国家版本馆CIP数据核字(2023)第052468号

责任编辑：李玉萍
封面设计：王晓武
责任校对：么丽娟
责任印制：沈　露
出版发行：清华大学出版社

网　　　　址：http://www.tup.com.cn，http://www.wqbook.com
地　　　　址：北京清华大学学研大厦A座　　　　邮　　编：100084
社 总 机：010-83470000　　　　邮　　购：010-62786544
投稿与读者服务：010-62776969，c-service@tup.tsinghua.edu.cn
质 量 反 馈：010-62772015，zhiliang@tup.tsinghua.edu.cn

印 装 者：北京同文印刷有限责任公司
经　　销：全国新华书店
开　　本：170mm×240mm　　印　张：12.5　　字　数：228千字
版　　次：2023年4月第1版　　印　次：2023年4月第1次印刷
定　　价：45.00元

产品编号：076606-01

# 前言

　　进入 21 世纪，老百姓的投资理财意识全面觉醒，理财正成为越来越多老百姓的迫切需求，这宣告了我国个人理财时代的到来。但大多数人都有过这样的苦恼：每天都要上班，起早贪黑，回到家中已是精疲力竭，根本没有时间钻研理财知识；攒了一些钱，想要投资，却又担心被市场"割韭菜"，使自己的财富付之东流。

　　对于普通人来说，存钱已经十分不易，想让手中的资产实现增值更加困难。没时间、不专业、资金少是很多普通投资者的硬伤。那么，有没有一种投资方法，既简单安全、入场门槛低，又能让投资者获得超过通货膨胀速度的收益呢？答案是"有"，基金定投就是这样的投资方法。

　　基金定投可以说是非常适合投资新手的理财方式，它可以小额投入、长期持有，较容易赚取大额收益。因此，我们可以利用时间带来的复利让我们的钱袋子鼓起来。

　　基金定投看似简单，但在实际操作的过程中，还是有很多投资技巧需要研究的。当投资者掌握了这些投资技巧之后，就能对自己的定投进行优化，选择更优质的基金品种加入基金定投组合，进而在较长期的定投实践中获取可观的收益。

　　总之，基金定投是一种投资行为，将其当作一种保障生活质量的方式也好，当作一种平衡风险的手段也罢，它都应该是投资者稳步迈向理想生活目标的理性行为。基金定投高手告诉我们，想当一名理性投资者，必须努力学习相关知识，充分了解自己，仔细选择基金，稳健实施投资，平和看待涨跌。

## 📚 本书特点

| 特　　点 | 说　　明 |
|---|---|
| **9 章实战精讲** | 本书体系完善，由浅入深地对基金定投实战交易进行了 9 章专题精讲，其内容涵盖基金及基金定投的基础知识、复利的计算方法、基金定投的入市方法、利用同花顺软件查看定投基金信息、股票型基金定投的技巧、债券型基金定投的技巧、指数型基金定投的技巧、QDII 基金定投的技巧、基金定投策略等 |
| **80 多个实战案例** | 本书结合理论知识，在讲解的过程中，列举了 80 多个实践案例加以分析讲解，让广大投资者在学习理论知识的同时，能够更准确地理解其意义和实际应用 |

（续表）

| 特　点 | 说　明 |
|---|---|
| **90 多个技能提示** | 本书结合基金定投交易实战中遇到的热点问题、关键问题及种种难题，以技能提示的方式奉送给投资者，其中包括不同类型基金定投交易的特点、交易技巧、风险控制等 |
| **86 个实战技巧** | 本书结合基金定投实战交易，讲解了 86 个实践交易技巧，其内容涵盖基金定投复利、利用基金公司选基的方法和技巧、利用基金经理选基的方法和技巧、利用基金净值选基的方法和技巧、利用基金年报选基的方法和技巧、选择股票型基金的方法、股票型基金定投信息的查看方法、股票型基金定投实战、债券型基金的利润来源、影响债券型基金收益的因素、债券型基金定投信息的查看方法、债券型基金定投实战、债券型基金的投资策略、挑选指数型基金的方法、指数型基金的投资技巧、股神巴菲特为什么喜欢指数型基金、指数型基金定投信息的查看方法、指数型基金定投实战、选择 QDII 基金的方法、QDII 基金定投信息的查看方法、QDII 基金定投实战、定投金额的选择技巧、不同投资金额的基金定投技巧、基金定投周期多长合适、收入增加前提下如何定投基金、定投基金如何进退、以子女教育为目标进行基金定投的策略、以置业为目标进行基金定投的策略、以养老为目标进行基金定投的策略等 |
| **语言简洁** | 本书每章都从基础知识和基本操作开始讲解，读者无须参照其他相关书籍即可轻松入门。此外，充分考虑到没有基础知识读者的实际情况，在文字表述方面尽量避开专业术语，用通俗易懂的语言讲解每个知识点的应用技巧，从而具有容易学、上手快的特点 |

## 本书结构

| 章　节 | 内　容 | 作　用 |
|---|---|---|
| **第 1 章** | 首先讲解基金及基金定投的基础知识，即基金的定义和基金理财特点、基金定投的定义和特点；其次，讲解基金定投的原则和误区；最后通过实例讲解"银发"基金定投"稳"字当先的含义 | 从整体上认识什么是基金及基金定投交易的本质，为后面章节的学习打下基础 |
| **第 2 章** | 讲解基金定投的入市方法，即基金定投的流程和一般渠道、基金定投的注意事项、利用同花顺软件查看定投基金信息 | 讲解了三种基金定投渠道。投资者可以根据自己的实际情况，选择适合自己的定投渠道 |

（续表）

| 章　节 | 内　容 | 作　用 |
|---|---|---|
| 第3章 | 内容为手把手教您运作基金，讲解基金的类型、运作、费用、收益和基金理财的整体思路 | 为了更好地获取基金定投收益，投资者还要深入了解基金常识和投资的思路 |
| 第4章 | 讲解基金定投选基的方法和技巧，即利用基金公司选基的方法和技巧、利用基金经理选基的方法和技巧、利用基金净值选基的方法和技巧、利用基金年报选基的方法和技巧 | 要进行基金定投，最重要的是选出要定投的基金。只有选出好的定投基金，才是实现基金定投盈利的保证 |
| 第5章至第8章 | 讲解不同类型基金定投的技巧，即股票型基金定投的技巧、债券型基金定投的技巧、指数型基金定投的技巧、QDII基金定投的技巧 | 通过4种不同类型基金定投技巧的讲解，提升基金定投交易者的实际交易水平，从而使其成为基金市场中的稳定赢家 |
| 第9章 | 讲解基金定投策略，即定投金额的选择技巧、不同投资金额的基金定投技巧、基金定投周期多长合适、收入增加前提下如何定投基金、定投基金如何进退、以子女教育为目标进行基金定投的策略、以置业为目标进行基金定投的策略、以养老为目标进行基金定投的策略等 | 只有掌握好的基金定投策略，并且在实际基金定投过程中加入运用，才能成为真正的赢家 |

## 📚 本书服务

本书赠送的资料均以二维码形式提供，读者可以使用手机扫描下面的二维码下载并观看。其中附送资料共包含二部分。

第一部分，本书PPT课件（基金定投入门PPT）和理财新手入门视频。

第二部分，同花顺股票分析软件入门手册和同花顺炒股教学视频（同花顺报表分析和财务分析功能、同花顺选股和预警功能、同花顺扩展行情功能、同花顺模拟炒股和实战炒股，还包括自选股、资讯信息及实用功能）。

第一部分　　　　　　　　　第二部分

## 📖 本书适合的读者

本书不仅适用于初入职场的年轻人、忙于工作的上班族、有理财需求和低风险理财的投资，还适用于基金投资的初学者、爱好者及具有一定基金投资经验的老投资者。同时，本书也可以作为各大基金、理财等投资公司的业务培训、指导客户、与客户沟能的参考读物或实训教材。

## 📖 创作团队

本书由周峰编写，周凤礼、陈宣各、周令、张瑞丽、王征、周俊庆等对本书的编写提出了宝贵意见并参与了部分编写工作。

由于编者水平有限，书中难免存在疏漏和不足之处，敬请读者批评指正。

# 目 录

# 第1章

## 基金定投快速入门

基金定投是很多人开始投资基金的第一步，因为它是"傻瓜式理财"。但"傻瓜式理财"≠傻瓜似的理财。为了给投资者解惑，并使其顺利实施自己的"基金定投"计划，本章将讲解基金定投的基础知识。

### 本章主要内容包括下述各点。

◎ 基金的定义、基金管理公司和基金托管人

◎ 基金理财的特点和优势

◎ 基金的作用

◎ 基金定投的定义、特点、方式和适用人群

◎ 基金定投前的准备

◎ 基金定投的原则

◎ 单利和复利

◎ 复利的计算方法

◎ 基金定投复利

◎ 基金定投的误区

◎ 实例："银发"基金定投"稳"字当先

## 1.1 初识基金

基金投资是一种风险比较小的理财方式，也可以说是一种懒人理财方式，其方式就是把钱交给基金公司的专家打理，以获得轻松投资、事半功倍的效果。

### 1.1.1 基金的定义

先来看一则小故事。

假如您现在手中有一部分闲散资金，不想存入银行，想拿出来投资理财。开公司或办工厂对您来说比较难以实现，一来没有好的项目，二来投资实业太麻烦。所以，您只想投资债券、股票、期货、外汇、黄金等这类证券以保值增值。

投资这类证券，自己一无精力、二无专业知识，而且资金也不算多，因此就必须与其他几个人合伙出资，雇用一个投资理财高手，操作大家合出的资产以投资的方式增值。

如果所有投资人都与投资理财高手随时交涉，那就会使投资行业变得无秩序，因而必须推举其中一个最懂行的投资人牵头办这些事。

当然办事就要有一定的报酬，所以应定期从大伙合出的资产中按一定比例提成给这个懂行的投资人，由他代为付给投资理财高手劳务报酬。当然，他自己牵头出力张罗大大小小的事，包括挨家跑腿，有什么风险就向投资理财高手随时提醒，定期向大伙公布投资盈亏情况等，提成中的钱也有他的劳务费。以上就叫作合伙投资理财。

将这种合伙投资的模式放大 100 倍、1000 倍，就是基金。

这种民间私下合伙投资理财的活动，如果在出资人之间建立了完备的契约合同，就是私募基金。

如果这种合伙投资的活动经过国家证券行业管理部门（中国证券监督管理委员会，以下简称中国证监会）的审批，允许这项活动的牵头操作人向社会公开募集吸收投资者加入合伙出资，这就是发行公募基金，也就是大家现在常见的基金。

基金是一种间接的证券投资方式，即基金管理公司通过发行基金单位集中投资者的资金，由基金托管人（即具有资格的银行）托管，由基金管理人管理和运用资金，从事股票、债券等金融工具投资，然后共担投资风险、分享收益。

例如，您买了 5 万元前海开源公用事业股票型基金（005669），就相当于把这 5 万元交给前海开源基金管理有限公司管理，由前海开源基金管理有限公司帮您购买股票、债券等，最终您是否赚钱，只要定期观察该基金的净值表现即可。

> 📶 提醒：基金有广义和狭义之分，从广义上说，基金是指为了某种目的而设立的具有一定数量的资金，主要包括证券投资基金、公积金、保险基金、退休基金，以及各种基金会的基金。从狭义上说，基金是指证券投资基金，即平时我们所说的基金，也是本书所讲的基金定投的基金。

## 1.1.2 基金管理公司和基金托管

基金管理公司是什么角色？基金管理公司就是合伙投资的牵头操作人，不过它是公司法人，其资格要经过中国证监会审批。

一方面，基金管理公司与其他基金投资者一样也是合伙出资人之一，另一方面由于它牵头操作，要从大家合伙出的资产中按一定的比例每年提取劳务费（基金管理费）。基金管理公司的操作包括：替投资者代雇用、代管理负责操盘的投资高手（就是基金经理）和帮投资高手收集信息、搞研究、打下手的人，定期公布基金的资产和收益情况。当然，基金管理公司这些活动是经中国证监会批准的。

为了保障大家合伙出的资产的安全，不被基金管理公司这个牵头操作人偷着挪用，中国证监会规定，基金的资产不能放在基金管理公司手里，基金管理公司和基金经理只管交易操作，不能碰钱，记账管钱的事要找一个擅长此事又信用高的机构负责，这个机构当然非银行莫属。

因此，这些资产（就是基金资产）就被存入银行，并设立一个专门账户，由银行管账记账，称为基金托管。当然银行的劳务费（称基金托管费）也得从大家合伙出的资产中按比例抽取并按年支付。

所以，基金资产的安全风险相对来说只有因那些投资高手操作不好而被亏损的风险，基本没有被偷着挪走的风险。从法律角度说，即使基金管理公司倒闭，甚至托管银行出事了，向它们追债的人也无权碰基金专户的资产，因此，基金资产的安全是很有保障的。

投资者、基金管理公司和基金托管银行之间的关系如图 1.1 所示。

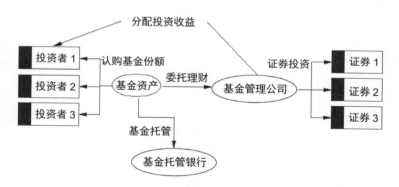

图1.1　投资者、基金管理公司和基金托管银行之间的关系

## 1.1.3 基金理财的特点

通俗地讲，理财就是打理钱财，就是省钱、赚钱、花钱之道。理财说起来简单，但在实际操作时却有很大的学问。我们理财要根据自己的年龄、收入、所能承受的

风险、期待的收益等因素来选择适合自己的理财产品。基金种类繁多，不同种类所具有的不同特性可以适合不同的投资者。

基金理财，首先要注意分散投资，在银行、保险、资本市场中合理配置资产；其次要选择适合自己风险收益偏好的基金产品类型。

第一，股票基金、混合基金、债券型基金、货币市场基金等不同类型的基金风险由高到低，对应的期望收益也有很大差异。

第二，要认真阅读基金契约和产品说明书，考察基金管理公司是否严格履行契约的规定，比较不同基金产品之间的细微差别。

不同的投资者对自己投资收益的预期不同，能够承受的风险也是不同的。对于基金我们应该建立起自己的投资体系，要充分分析自己适合哪种类型基金的投资。

所有投资都有风险，当然基金投资也不例外，所以基金理财不能"随大流"，不能盲目跟风，一定要有自己的主见。要认真研究基金和基金管理公司，按照自己的投资策略对比它们，选择它们。

市场是不可预测的，这同样适用于基金市场。股神巴菲特曾说过，投资主要在于避免作出愚蠢的决策，而不是在于作出几个英明的决策。

基金是一种适合大众投资的理财方式。基金投资不是要预测市场，基金也不是用来"炒"的，如果想炒，直接去炒股票、期货、外汇好了，没有必要投资基金。对于基金投资，我们最好在合适的时候选择适合自己的基金，在做好风险防范的基础上，长线持有。

## 1.1.4 基金理财的优势

选择基金投资，我们不必关心某只股票的涨跌，不必担心资金的投向，只要把资金交给值得信任的基金管理公司即可，它们就会为我们做好一切。基金理财的优势有3项，如图1.2所示。

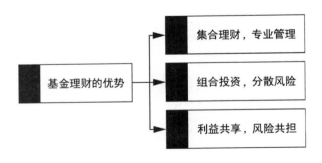

图1.2 基金理财的优势

1）集合理财，专业管理

"众人拾柴火焰高"，随便一只基金都可以募集上亿元的资金。因此所有投资者只要每人付出不多的管理费，就足够雇用最专业的基金经理和调研团队。这就是基金投资的第一种优势：集合理财，专业管理。

基金管理公司雇用的基金经理，不仅具有广博的投资理论知识，而且在投资领域积累了非常丰富的经验，具有一般投资者不可比拟的优势。

2）组合投资，分散风险

股民都知道"不要把鸡蛋放在同一个篮子里"的含义，其意思是说，买股票应该尽量把资金分散在多只股票上，这样万一某只股票大幅下跌，整体的资金也不至于出现太大损失。

根据这一理念，投资者要想在股市中充分分散风险，就要持有多只股票，而且这些股票最好能分散在不同的行业和不同的价格区间。但对于普通散户而言，因为个人精力有限，根本没有能力构建这样的股票组合。有一些股民在购买多只股票后，甚至连股票名称、代码都记不清，更不要说充分关注了。散户如果盲目地追求"分散投资"，只能让自己的股票清单越来越长，股票市值越来越少。

但基金管理公司就不同了，因为他们有足够的人力、财力同时购买几十种，甚至上百种股票或债券，充分分散风险。即使在他们的投资组合中，有一两只股票大幅下跌，对基金整体收益的影响也不会太大。

投资者花很少的钱买入一只基金，就相当于买了一个由几十只股票组成的投资组合。特别是这个投资组合中的每只股票或债券，都由专业人员打理。

3）利益共享，风险共担

投资就会有风险，因为风险是获利收益的本钱，即风险和收益是一对孪生兄弟。所有的基金投资者都会按所持有的基金份额平分收益或平摊损失，即"利益共享，风险共担"。

例如，某只基金在2010年上半年的盈利为30%，所有基金持有人都可以按照自己的投资份额分享这部分收益。持有2000元基金，可获得600元收益；持有2万元基金，可获得6000元收益。

当然，如果基金亏损30%，则所有基金持有人也应该共同承担损失。持有2000元基金，亏损600元；持有2万元基金，亏损6000元。

基金管理公司、托管银行与投资者之间是服务关系，它们只提供服务，按照资金的比例收取劳务费，并不参与收益分配，当然也不承担风险。当基金盈利大幅提高时，基金的各项费率不会提高；当基金盈利减少时，基金的各项费率也不会降低。

有不少投资者会担心基金管理公司会不会因此有不负责任的操作。事实上，每个基金管理公司都会尽全力去运作旗下的基金品种，因为基金管理公司的收益与基金规模有关，他们只有管理好基金品种，吸引更多的投资者持有基金，才能获得更多的收益。

## 1.1.5 基金的作用

基金的作用主要有 4 点，如图 1.3 所示。

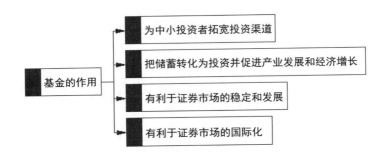

图1.3  基金的作用

1）为中小投资者拓宽投资渠道

对中小投资者来说，存款或购买债券较为稳妥，但收益率较低；投资于股票有可能获得较高收益，但风险较大。证券投资基金作为一种新型的投资工具，可以把众多投资者的小额资金汇集起来进行组合投资，由专家来管理和运作，经营稳定，可获得可观的收益。可以说，基金是专门为中小投资者设计的间接投资工具，大大拓宽了中小投资者的投资渠道。因此，基金已进入寻常百姓家，成为大众化的投资工具。

2）把储蓄转化为投资并促进产业发展和经济增长

基金可以吸收社会上的闲散资金，为企业在证券市场上筹集资金营造良好的融资环境，将储蓄资金转化为生产资金。这种将储蓄转化为投资的机制为产业发展和经济增长提供了重要的资金来源，而且，随着基金的发展壮大，这种作用越来越大。

3）有利于证券市场的稳定和发展

首先，基金的发展有利于证券市场的稳定。证券市场的稳定与否同市场的投资者结构密切相关。基金的出现和发展，能有效地改善证券市场的投资者结构，成为稳定市场的中坚力量。基金由专业投资人士经营管理，其投资经验比较丰富，信息资料齐备，分析手段较为先进，投资行为相对理性，客观上能起到稳定市场的作用。同时，基金一般注重资本的长期增长，多采取长期的投资行为，较少在证券市场上频繁进出，能减少证券市场的波动。

其次，基金作为一种主要投资于证券的金融工具，它的出现和发展增加了证券市场的投资品种，扩大了证券市场的交易规模，起到了丰富活跃证券市场的作用。随着基金的发展壮大，它已成为推动证券市场发展的重要动力。

4）有利于证券市场的国际化

很多发展中国家对开放本国证券市场持谨慎态度，在这种情况下，与外国合作组建基金，逐步、有序地引进外国资本投资于本国证券市场，不失为一种明智的选择。

与直接向投资者开放证券市场相比，这种方式使监管当局能控制好利用外资的规模和市场开放程度。

## 1.2 初识基金定投

基金定投是指采取分批买入法，以弥补只选择一个时点买进基金的缺陷，并均衡成本，可使自己在投资中立于不败之地。

### 1.2.1 基金定投的定义

基金定投是定期定额投资基金的简称，是指在固定的时间（如每月 6 日）以固定的金额（如 600 元）投资到指定的开放式基金中，类似于银行的零存整取方式。这样投资可以平均成本、分散风险，比较适合投资者进行长期投资。

在投资者向基金销售机构提交基金定投业务申请时，需要确定每月的申购时间、申购金额、申购基金名称。

在每个月的固定时间，基金销售机构就会从投资者指定的资金账户里自动扣除指定金额，用这些资金按照当时的价格申购指定基金，并自动把申购到的基金存入指定基金账户。

### 1.2.2 基金定投的特点

基金定投的特点共有 6 项，如图 1.4 所示。

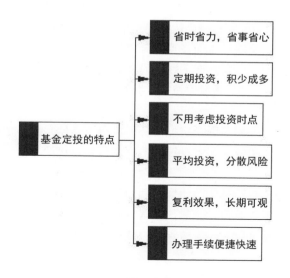

图1.4 基金定投的特点

1）省时省力，省事省心

办理基金定投之后，代销机构会在每个固定的日期自动扣缴相应的资金用于申购基金，投资者只需确保银行卡内有足够的资金即可，省去了去银行或者其他代销机构办理的时间和精力。

2）定期投资，积少成多

投资者可能每隔一段时间就会积攒一些闲散资金，如果通过定期定额投资购买标的进行投资增值，就可以"聚沙成塔"，在不知不觉中积攒一笔不小的财富。

3）不用考虑投资时点

投资的要诀就是"低买高卖"，但很少有人在投资时捕捉最佳的买、卖点获利。为避免这种人为的主观判断失误，投资者可通过"定投计划"来投资市场，不必在意进场时点，不必在意市场价格，无须为其短期波动而改变长期投资决策。

4）平均投资，分散风险

资金分期投入，投资的成本有高有低，但长期平均下来仍然比较低，所以能最大限度地分散投资风险。

例如，每隔两个月用 1000 元投资某一只开放式基金，1 年下来共投资 6 次，总金额为 6000 元，每次投资时基金的申购价格分别为 1 元、0.95 元、0.90 元、0.92 元、1.05 元和 1.10 元，则每次可购得的份额数分别为 1000 份、1053 份、1111 份、1087 份、952 份和 909 份，累计份额数为 6112 份，则平均成本为 $6000 \div 6112 = 0.982$ 元，而投资回报率则为（$1.10 \times 6112 - 6000$）$\div 6000 \times 100\% = 12.05\%$，比起一开始就以 1 元的申购价格投资 600 元的投资回报率要高。

5）复利效果，长期可观

"定投计划"收益为复利效应，本金所产生的利息加入本金可以继续衍生收益，获得利滚利的效果。随着时间的推移，复利效果会更加明显。

定投的复利效果需要较长时间才能充分展现，因此不宜因市场短线波动而随便终止。只要长线前景佳，市场短期下跌反而是累积更多便宜单位数的最佳时机，一旦市场反弹，长期累积的单位数就可以一次获利。

6）办理手续便捷快速

目前，很多银行都开通了基金定投业务。值得一提的是，基金定投的进入门槛较低，例如，中国工商银行的基金定投业务，最低每月投资 500 元就可以进行基金定投。

投资者可以在网上进行基金的申购、赎回等所有交易，实现基金账户与银行资金账户的绑定，并设置申购日、金额、期限、基金代码等。与此同时，网上银行还具备基金账户查询、基金账户余额查询、净值查询、变更分红方式等多项功能，投资者可以轻松完成投资。

### 1.2.3 基金定投的方式

基金定投的方式有两种，如图 1.5 所示。

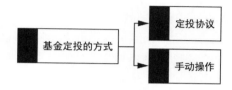

图1.5　基金定投的方式

1）定投协议

定投协议是指投资者通过与银行签订协议，定时由银行扣款，省心方便，操作简单，缺陷是基金管理公司一旦暂停申购，就会导致基金定投计划中断。另外，每天就一个价格，缺少灵活性。当然对于大多数投资者而言，当天只有一个未知价格，减少了再选择的麻烦。

2）手动操作

一般在交易日不会出现中断，只有在分红、除权、重大公告时，暂时停盘。另外，一天价格的可选择性强，适于有一定短线经验的人使用，缺陷是比较费心，必须定期在场内进行操作。

### 1.2.4 基金定投适用人群

基金定投是一种长期性投资方式，主要适用于 4 种人群，如图 1.6 所示。

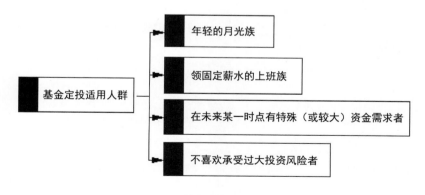

图1.6　基金定投适用人群

1）年轻的月光族

基金定投具备投资和储蓄两大功能，所以可以在发工资后留下日常生活费，将部分剩余资金做定投，以"强迫"自己进行储蓄，培养良好的理财习惯。

2）领固定薪水的上班族

大部分上班族薪资所得在应付日常生活开销后，结余金额往往不多，所以采用小额的定期定额投资方式最为合适。而且由于上班族大多并不具备较高的投资水平，无法准确判断进出场的时机，因此通过基金定投这种工具，可稳步实现资产增值。

3）在未来某一时点有特殊（或较大）资金需求者

例如，3 年后必须付购房首付款、20 年后子女出国的留学基金，甚至 30 年后自己的退休养老基金等。在已知未来将有大额资金需求时，提早以定期小额投资方式来筹集，不仅不会造成自己日常经济上的负担，而且能让每月的小额资金在未来轻松演变成大额资金。

4）不喜欢承受过大投资风险者

定期定额投资有投资成本加权平均的优点，能有效降低整体投资成本，使价格波动的风险下降并稳步获利，是长期投资者对市场长期看好的最佳投资方式。

## 1.3 基金定投前的准备

对于准备做基金定投的投资者来讲，投资之前有 5 个方面的准备工作要做，如图 1.7 所示。

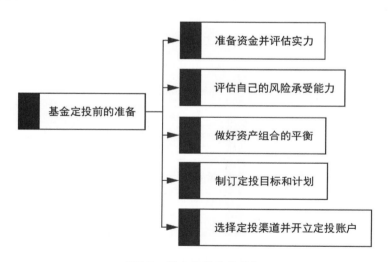

图1.7　基金定投前的准备

1）准备资金并评估实力

投资基金必须用相应的闲置资金，不能用生活所需资金或借贷资金进行定投。同时，要量力而行，有多大的力就办多大的事。

2）评估自己的风险承受能力

对于投资者来讲，定投的最好品种是股票型基金，但并非每位投资者都能够承受其净值的波动风险。因此，在进行基金定投前，投资者要进行自我风险承受能力测验。

3）做好资产组合的平衡

不能把准备好的资金进行集中投资，更不能只考虑高风险的基金产品而忽略低风险资产的配置；也不要只选择基金产品而忽略保险、银行存款等产品在家庭资产中的配置。组合投资可以在一定程度上起到分散投资风险的作用。

4）制订定投目标和计划

制订定投目标和计划，是保障基金定投顺利实施的关键。投资者只有制定了明确的投资目标，才能够按照这个目标进行细化和分解，从而进行有序投资，使定投活动得以顺利进行。缺乏投资目标，将使投资者在定投过程中变成"盲人"，从而无法实现定投收益。

5）选择定投渠道并开立定投账户

基金定投品种选择后，关键是要选择一家服务优良的代理商，从而在扣款服务、基金信息服务、投资理财指导等方面为投资者提供更加全面的服务。如果通过券商"上证基金通"进行定投，投资者只需要开立一家基金公司的账户，即可通过网上自行开立其他基金公司的账户，从而实现定投，而不必奔波在各代理商之间。当然，定投协议应当分别签署。

## 1.4 基金定投的原则

基金定投的原则主要有 4 项，如图 1.8 所示。

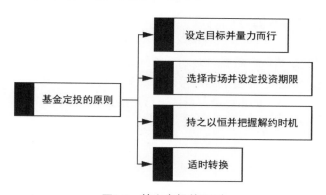

图1.8 基金定投的原则

### 1.4.1 设定目标并量力而行

定期定额投资一定要做得轻松、没负担，曾有客户为分散投资标的而决定每月扣款 50 000 元，但过一段时间后却必须把定期存款取出来继续投资，这样太不划算。建议最好先分析一下每月收支状况，计算出固定能省下来的闲置资金，2000 元或 1000 元都可以。

### 1.4.2 选择市场并设定投资期限

超跌但基本面不错的市场最适合进行定期定额投资，即便市场行情还在下跌，只要看好未来长期发展前景，就可以考虑进行基金定投。

定期定额长期投资的时间复利效果分散了股市多空、基金净值起伏的短期风险，只要能遵循长期扣款原则，选择波动幅度较大的基金其实更能提高收益，而且风险较高的基金的长期回报率应该胜过风险较低的基金。如果较长期的理财目标是 5 年以上至 10 年、20 年，不妨选择波动较大的基金，而如果是 5 年内的目标，则还是以选择绩效较平稳的基金为宜。

### 1.4.3 持之以恒并把握解约时机

长期投资是定期定额积累财富最有效的方式，采用这种方式必须持续 3 年以上，才能获得较好的效果，并且长期投资更能获得定期定额的复利效果。

定期定额投资的期限也要视市场情形而定，比如，已经投资了两年，市场上升到了非常高的点位，并且分析之后行情可能将进入另一次空头循环，那么最好先行解约获利了结。如果即将面临资金需求，例如，退休年龄将至，就更应该关注市场状况，确定解约时点。

### 1.4.4 适时转换

开始定期定额投资后，若临时必须解约赎回或者市场处在高点位置，而对后市情况不是很确定，则不必完全解约，可赎回部分份额取得资金。若市场趋势改变，可转换到另一轮上升趋势的市场中，继续进行定期定额投资。

## 1.5 复利的奥秘

在讲解复利之前，先来看一则有趣的古老故事。

一个爱下象棋的国王棋艺高超，在他的国度从未有过对手。为了找到对手，他下了一道诏书，诏书中说无论是谁，只要棋艺胜过他，国王就会答应他一个要求。

一天，一个年轻人来到皇宫，要求与国王下棋。经过紧张激战，年轻人最终赢了国王，国王问这个年轻人要什么样的奖赏，年轻人说他只要一点小小的奖赏。就是在他们下的棋盘上的第一个格子中放上 1 粒麦子，在第二个格子中放进 2 粒麦子，第 3 个格子中放 4 粒麦子，如此类推，每一个格子中都是前一个格子中麦子数量的翻倍，一直将棋盘每一个格子摆满。

国王觉得他的要求很简单，就同意了。但很快国王就发现，即使将国库所有的粮食都给他，也不够 1/100。因为一粒麦子虽只有一克重，但也需要数十万亿吨的麦子才够。尽管从表面上看，他的起点十分低，从一粒麦子开始，但是经过很多次的乘积，就迅速变成庞大的数字。

### 1.5.1 单利

单利是指不论时间长短，仅按本金计算利息，所产生的利息不再计入本金重复计算利息，其计算公式为

$$单利 = 本金 \times 利率 \times 期数$$

例如，一笔整存整取定期 5 年的储蓄，本金为 10 万元，利率为 6.2%，到期时银行应付的利息是多少？到期银行应支付的本金利息之和为多少？

$$利息 = 10万元 \times 6.2\% \times 5 = 3.1万元$$
$$本金利息之和 = 10万元 + 3.1万元 = 13.1万元$$

### 1.5.2 复利

复利是从今天的价值或现价（PV）增值到未来价值（FV）的过程，是对本金及其产生的利息一并计算，也就是利上有利。复利计算公式为

$$FV = PV \times (1+i)^n$$

其中，PV 为现值或账户的初始数量；$i$ 为利率或年投资回报率；$n$ 为储蓄或投资年限；FV 为 $n$ 年期末的未来价值。

例如，某投资者拿出本金 10 000 元来投资，年投资回报率为 10%，投资年限为 10 年，那么，10 年末的价值是多少？

$$FV = 10\ 000 \times (1 + 10\%)^{10} = 25\ 937.424\ 6\ (元)$$

为了更好地理解复利，表 1.1 显示了 10 年间投资回报信息，它清晰地表明了每年赚取的利息及每年期末的价值。

表1.1　未来价值和复利　　　　　　　单位：年，元

| 年数 | 初始价值 | 所赚价值 | 期末价值 |
|------|----------|----------|----------|
| 1 | 10000 | 1000 | 11000 |
| 2 | 11000 | 1100 | 12100 |
| 3 | 12100 | 1210 | 13310 |
| 4 | 13310 | 1331 | 14641 |
| 5 | 14641 | 1464.1 | 16105.1 |
| 6 | 16105.1 | 1610.51 | 17715.61 |
| 7 | 17715.61 | 1771.561 | 19487.171 |
| 8 | 19487.171 | 1948.7171 | 21435.8881 |
| 9 | 21435.8881 | 2143.58881 | 23579.47691 |
| 10 | 23 579.476 91 | 2357.947691 | 25937.4246 |

> 📶提醒：年投资回报率越高，投资时间越长，则未来价值越大。

## 1.5.3　复利的计算方法

复利采用的计算方法有两种。第一种，如果您对办公软件 Excel 比较熟悉，则可以利用其内置函数 FV 来快速计算复利；第二种，利用拇指法则来估计未来价值，拇指法则又称"72 法则"。

### 1. 内置函数FV

（1）打开 Excel 软件，选择一个单元格，然后鼠标指针指向"编辑栏"中的"="号，显示"编辑公式"提示信息，如图 1.9 所示。

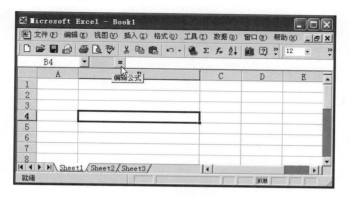

图1.9 打开Excel软件

（2）单击"编辑栏"中的"="号，即可显示"公式选项板"菜单栏，然后单击左侧的"下拉"按钮，在弹出的菜单中选择"其他函数"选项，如图 1.10 所示。

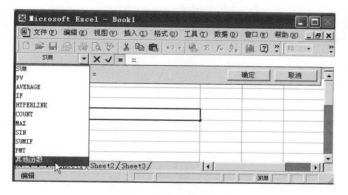

图1.10 公式选项板

（3）选择"其他函数"选项，弹出"粘贴函数"对话框，选择"财务"函数类中的 FV 函数，如图 1.11 所示。

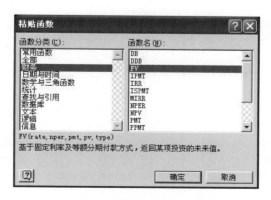

图1.11 "粘贴函数"对话框

（4）选择 FV 函数后，单击"确定"按钮，就可以看到"FV 函数"面板，如图 1.12 所示。

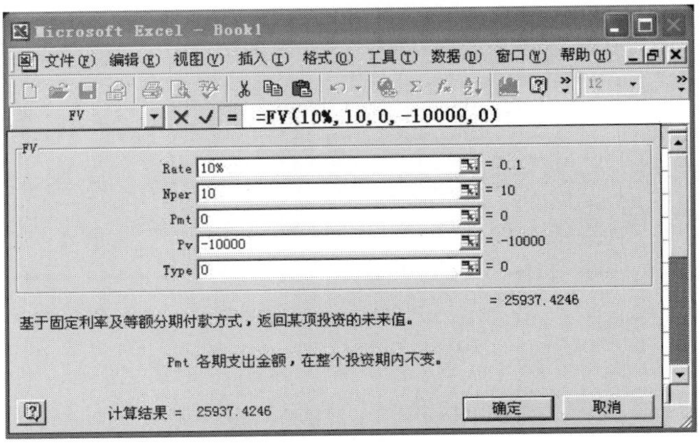

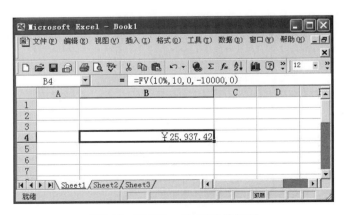

图1.12 "FV函数"面板

FV 函数共有 5 项参数，说明如下。

Rate：利率或年投资回报率。

Nper：总投资期。

Pmt：各期支出金额。

Pv：投资开始计算时已经入账的款项。在这里须注意，现金流入与流出分别用正号和负号表示，这里要求现值的输入值为负。

Type：指定付款的时间是期初或期末，0 表示期末，1 表示期初。

（5）正确输入各参数后，单击"确定"按钮，就可以快速计算出复利数额，如图 1.13 所示。

图1.13 利用Excel快速计算复利

### 2. 72法则

72 法则是指以 1% 的复利计息，在 72 年后本金翻倍的规律，即一笔资金在价值上翻番需要的时间大约等于 72 除以用年百分比率的形式表示的利率或年投资回报率。

如果年投资回报率为 5%，您的资金翻番大约需要 14.4 年；如果年投资回报率为 10%，您的资金翻番大约需要 7.2 年；如果年投资回报率为 15%，您的资金翻番大约需要 4.8 年；如果年投资回报率为 30%，您的资金翻番大约需要 2.4 年；以此类推。

## 1.5.4 基金定投复利

基金定投复利的概念应该这样理解，即基金定投本身不存在复利，只有当定投基金分配收益，并且选择了红利再投资的方式，才会获得复利效果。就像银行存款一样，每个月存入 1000 元，利息始终是按照单利计算的，只有把利息拿出来，再存入银行，才能利上计利，获得复利的效果。另外，在选择红利再投资后，基金也会得到更多的收益。

如果我们每月拿出 500 元来进行基金定投，夸张地讲，如果连续投资 30 年，也就是 360 个月，按照基金定投公式计算，当预期年化收益率为 15% 时，30 年期满后，可实现预期年化收益 346 万元。如果我们这笔钱并没有用于基金定投，而是存入银行，那么按照一年期定期预期年化收益率 3.87% 来计算，在期满后可以实现预期年化收益 33.9 万元。在每次到期都将所有资金继续投资的情况下，基金定投和银行定期预期年化收益相差 10 倍有余。其中产生巨大差距的主要原因，就是基金预期年化收益率 15% 与银行定期化收益率 3.87% 之间 11.13% 的预期年化收益率差带来的持续复利效应。

## 1.6 基金定投要及早开始

无论是为了满足三五年后的买房首付、20 年后子女出国的留学基金的需求，还是为了满足 30 年后退休养老金等的需求，若能提早用定期定额投资方式进行规划，则都不会造成经济上的骤然紧张，还能让每月的小额资金在未来变成大额资金，在期望的时间点实现梦想。

按照复利计算，30 岁开始基金定投，要想在 30 年后退休之际赚够 100 万元的养老金，只须每月投入 414 元即可。如果从 35 岁开始基金定投，则每月须投入 843 元；如果从 40 岁开始基金定投，每月须投入 1730 元。可见，在年轻的时候开始基定投，与迟 5 年或者 10 年之后开始基金定投所花费的成本大为不同。

## 1.7　基金定投的误区

基金定投越来越受到投资者青睐，此投资方式不但能平均成本、分散风险，而且类似于"零存整取"储蓄，只要与银行或证券营业部签订一份协议，就可实现自动投资，坐享收益。不过，很多投资者对基金定投仍有许多认识误区，具体表现在 8 个方面，如图 1.14 所示。

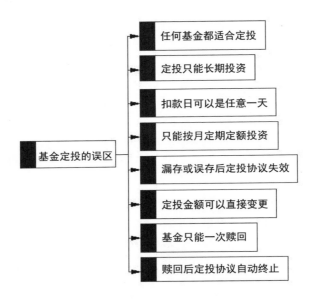

图1.14　基金定投的误区

1）任何基金都适合定投

基金定投虽能平均成本、分散风险，但也不是所有的基金都适合。债券型基金收益一般较稳定，基金定投和一次性投资效果差距不是太大，而股票型基金波动较大，更适合用定投来均衡成本和风险。

2）定投只能长期投资

定期定额投资基金虽便于控制风险，但在后市不看好的情况下，无论是一次性投资还是定投均应谨慎，已办理的基金定投计划也应考虑规避风险的问题。

例如，原本计划投资 5 年，扣款两年后如果觉得市场前景变坏，则可考虑先获利了结，不必一味等待计划到期。

3）扣款日可以是任意一天

基金定投虽采用每月固定日扣款方式，但因为有的月份只有 28 天，所以为保证全年在固定时间扣款，扣款日只能是每月 1—28 日。另外，扣款日如遇节假日将自动顺延。如约定扣款日为 8 日，但如果次月 8 日为周日，则扣款日就会自动顺延至 9 日。

4）只能按月定期定额投资

一般情况下，基金定投只能按月投资，不过也有基金公司规定，基金定投可按月、按双月或季度投资。现在多数单位工资一般可分为月固定工资和季度奖。如果每月工资仅够日常之用，季度奖可以投资，则适合按季投资；如果每月工资较宽裕，或年轻人想强迫自己攒钱则可按月投资。

5）漏存或误存后定投协议失效

投资者有时会因为忘记提前存款、工资发放延误及数额减少等原因，导致基金定投无法正常扣款，这时有的投资者认为这是自己违约，定投就失效了。其实，部分基金公司和银行规定，如当日法定交易时间投资人的资金账户余额不足，银行系统会自动于次日继续扣款直到月末，并按实际扣款当日基金份额净值计算确认份额。所以，当月扣款不成功也不要紧，只要尽快在账户内存钱就可继续参加定投。

6）定投金额可以直接变更

按规定，签订定期定额投资协议后，约定投资期内不能直接修改定投金额，如想变更只能到代理网点先办理"撤销定期定额申购"手续，然后重新签订《定期定额申购申请书》后方可变更。现在各银行的网上银行业务可以随时变更投资金额和扣款时间。

7）基金只能一次赎回

很多投资者认为赎回时只能将所持有的定投基金全部赎回，其实定投的基金既可以一次性全部赎回，也可以部分赎回或部分转换。如果资金需求的数额小于定投金额，则可以用多少赎多少，剩余份额可以继续持有。

8）赎回后定投协议自动终止

有人认为定投的基金赎回后，基金定投就自动终止了。其实，基金即使全部赎回，但之前签署的投资合同仍然有效，只要你的银行卡内有足够金额及满足其他扣款条件，此后银行仍会定期扣款。所以，客户如想取消定投计划，除了赎回基金外，还应到销售网点填写《定期定额申购终止申请书》，办理终止定投手续；也可以连续三个月不满足扣款要求，以此方式自动终止定投业务。

## 1.8 实例："银发"基金定投"稳"字当先

对于老年人来说，投资需要"稳"字当先。与年轻人不同，老年人的抗风险能力相对较弱。从资产的角度讲，老年人的收入一般增长幅度不大，而支出需求却有可能随时增加，一旦投资出现亏损，就会影响生活质量；从心理学的角度讲，老年人心理承受能力普遍较弱，投资亏损可能对老年人的健康不利。

对于老年人来说，资金流动性也非常重要。老年人的意外支出较多，尤其是医疗需求可能增加，只有持有相当数量的高流动性资产，才能保证其在有需要的时候从容不迫。

股票市场由于风险较高、变动剧烈，因此配置基金产品已成为老年人投资必不可少的投资渠道，如风险与收益适中的债券基金、风险较低的货币基金等。

另外，通过定期定投的方式买入部分高风险基金产品，通过分散投资时点、摊低投资成本来降低风险，实现稳定收益，也是不错的选择。基金定投最大的优势就在于让投资成为生活的一部分，相当于强迫投资。尤其在金融市场动荡的情况下，我们不甘心把积蓄放在银行里等着微薄的利息收入，但一次性投资却又因为无法判断市场行情而蕴藏着较大风险。我们怎么忍心将用于为亲人、为自己养老规划的钱随意乱投呢？波动的市场金融中基金定投是最好的理财方式，其复利效应的优势将在若干年后向投资人交出一份相对满意的答卷。

在确定将基金定投作为自己养老规划的一部分后，我们仍需做如下功课，即选择基金类型。

首先，货币型基金基本上作为流动性管理工具，可以作为资产配置的一部分，以保持资产适度的流动性。对于风险承受能力较弱的投资人最应考虑的是货币型基金。其次，混合型基金，对于有志于长期持有、风险承受能力相对较强的投资人来说，混合型基金应该是其最优的选择。当然也可以根据自己的实际情况选择不同的基金类型进行组合投资。

不同风险偏好的老年人对配置的要求是不同的，老年人可以参考两种经典配置，具体如下所述。

第一，均衡型——投资混合型基金 40%，投资债券型基金 50%，另外配置货币型基金 10%，解决流动性需要。此方案适用于 55 岁至 65 岁老年人。

第二，保守型——投资混合型基金 20%，投资债券型基金 70%，另外配置货币型基金 10%，解决流动性需要。此方案适用于 65 岁以上老年人。

# 第 2 章

## 基金定投的入市方法

新基民进行基金定投，首先要开立账户，既可以在基金公司开立账户，也可以在银行或证券公司开立账户，然后再进行各种类型基金的定投操作。本章将重点讲解基金定投的入市方法。

### 本章主要内容包括下述各点。

◎ 基金定投的流程

◎ 基金定投的渠道

◎ 选择适合自己的基金定投渠道

◎ 在基金公司开立账户

◎ 在银行开立账户

◎ 在证券公司开立账户

◎ 在天天基金网开立账户

◎ 基金定投的注意事项

◎ 利用同花顺软件查看定投基金信息

## 2.1 基金定投的流程

基金定投的流程具体如下所述。

（1）选择基金定投交易渠道。

（2）开立账户。

（3）基金的定投。

（4）基金的赎回。

（5）申请基金转换。

（6）非交易过户和红利再投资。

## 2.2 基金定投的渠道

基金定投的渠道有多种，包括直销、代销、网上发售、柜台签售等。基金销售形式的多样化，在给投资者提供了更多选择的同时，也给投资者带来了选择困难。

### 2.2.1 基金定投的一般渠道

基金定投的一般渠道共有 3 种，如图 2.1 所示。

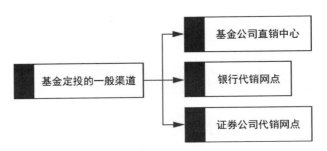

图2.1 基金定投的一般渠道

下面详细讲解一下不同购买渠道的优缺点。

1）基金公司直销中心

基金公司直销可分为柜台直销和网上直销两种方式。柜台直销一般面向高端客户群体，由专业人员提供咨询和跟踪服务。网上直销面向广大中小投资者，因为网上直销极大地节省了中间环节和各种费用成本，所以对广大投资者更有利。

通过基金公司网上直销中心购买基金，优点是可以通过网上交易实现开户、定投、赎回等手续办理，享受交易手续费优惠，不受时间和地点的限制。网上交易是目前最流行的基金定投交易模式，只要在计算机前轻轻单击，交易就可轻松完成。

基金公司直销的缺点是当客户需要购买多家基金公司产品时，需要在多家基金公司办理相关手续，投资管理比较复杂。如一家基金公司只认可一种银行账户，如果投资多家基金公司就需要在多家银行开户，这要比在银行和证券公司代销机构购买麻烦得多。

2）银行代销网点

银行是最传统的基金定投交易渠道，一般情况下基金公司会把它的托管银行作为指定代销银行。通过银行机构代销基金模式具有信誉良好和网点众多等优势，一般投资者比较青睐到银行定投基金。

通过银行定投基金一般不能享受手续优惠，并且单个银行代理销售的基金品种非常有限，一般都以新基金为主。托管银行一般不会代理一只基金管理公司旗下的所有基金品种，所以我们在办理基金转换业务手续时可能要往返多个网点，非常麻烦。

3）证券公司代销网点

证券公司，特别是大型证券公司代销的基金品种都比较齐全，并且支持网上交易，这是证券公司代销基金的一大优势。证券公司的客户经理可能会主动介绍产品，基金投资者能够享受到及时到位的投资咨询服务。在证券公司定投基金，资金存取通过银证转账进行，可以将证券、基金等多种产品结合在一个交易账户管理，非常便于投资者操作。

证券公司代销基金的缺点是证券公司的网点较银行网点少，首次办理业务需要到证券公司网点办理，并且只有在证券公司开立资金账户才能进行购买操作。在证券公司定投基金不如到基金公司直接购买基金费用低廉，因为基金公司还要付给券商一些佣金。

> 📶 提醒：还有少数几家专业基金销售公司可销售基金，如天天基金网（https://www.1234567.com.cn）。

## 2.2.2 选择适合自己的基金定投渠道

对于具有较强的专业能力（能对基金产品进行分析、能上网办理业务）的投资者来说，选择基金公司直销是比较好的选择。只要自己精力足够，就可以通过产品分析比较以及网上基金定投交易，实现自己对基金的投资管理。

对于年纪稍大的中老年基金投资者来说，应选择银行网点及身边的证券公司网点。因为银行网点众多，比较便利；去证券公司则可听取证券公司客户经理的建议，通过柜台购买等方式选择适合自己的基金产品。

对于工薪阶层或年轻白领来说，更加适合通过证券公司网点实现一站式管理，通过一个账户实现多种投资产品的管理，利用网上交易或电话委托进行操作，辅助以证券公司的专业化建议来提高基金投资收益水平。

> 📶 提醒：无论通过什么渠道，基民都应该在合法的场所购买合法的基金公司的产品。对于基金管理公司、代销机构以及基金产品的名单，基民可以到中国证监会网站或中国证券业协会网站查询。

## 2.3 开立基金账户和交易账户

基金账户是指注册登记机构为投资人建立的用于管理和记录投资人基金种类、数量变化等情况的账户，不论投资人是通过哪个渠道办理，均会被记录在该账户下。

交易账户是指基金销售机构（包括直销机构和代销机构）为投资人开立的用于管理和记录投资人在该销售机构交易的基金种类和数量变化情况的账户。

投资者使用同一开户证件只能开立一个基金账户，但在这一基金账户下可以在不同的销售机构开立相对应的交易账户。

### 2.3.1 在基金公司开立账户

在基金公司开立账户，个人投资者需要准备下述各种资料。

（1）投资者个人有效身份证件原件及其复印件（本人签字）。

（2）如为代办，还需提供代办人有效身份证件原件及其复印件（代办人签字）。

（3）本人指定银行账户账号信息（开户银行、开户行名称、账号）。

> 📶 提醒：个人有效身份证件是指居民身份证、军官证、警官证、文职证、士兵证、户口本中的一种。

机构投资者需要准备下述各种资料。

（1）企业有效营业执照副本及复印件（加盖公章）或民政部门有效注册登记证书原件及其复印原件（加盖公章）。

（2）经法定代表人签字或盖章的《基金业务授权委托书》（加盖公章）。

（3）指定银行账户账号信息（开户银行、开户行名称、账号）。

（4）经办人有效身份证件及其签字复印件。

（5）填制完毕的预留《印鉴卡》一式三份。

（6）填妥的《开户申请表（机构）》并加盖公章。

下面通过具体实例讲解一下个人投资者如何在网上通过基金公司开立基金账户。

在浏览器的地址栏中输入"https://www.chinaamc.com"，然后按回车键，就可进入"华夏基金"首页，如图 2.2 所示。

图2.2 "华夏基金"首页

单击右侧的"开户"按钮，就可进入"开户"页面，首先选择支付卡（银行卡），如图 2.3 所示。

图2.3 选择支付卡

　　这里要选择用来购买基金的银行卡，在这里以"中国工商银行"为例。单击"中国工商银行"图标后，进入"身份验证"页面，如图 2.4 所示。

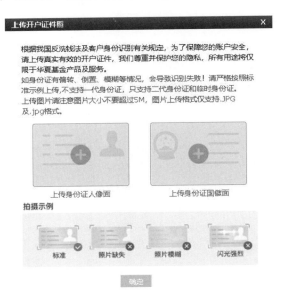

图2.4　"身份验证"页面

　　在这里要输入投资者真实姓名，上传身份证正反面图片，单击"上传身份证"，即可进入"上传开户证件照"页面，如图 2.5 所示。

图2.5　"上传开户证件照"页面

正确上传身份证信息后，继续填写银行卡卡号、银行预留手机号码，再单击"获取验证码"按钮，就可以在手机上收到验证码短信。正确填入验证码，再选中"我已阅读并同意《华夏基金管理有限公司快易付业务协议》"复选框，最后单击"确认"按钮，即可进入"填写资料"页面，如图2.6所示。

图2.6 "填写资料"页面

正确填写家庭地址、邮政编码、E-mail、职业、收入、交易密码等信息后，单击"提交"按钮，进入"补充信息"页面，如图2.7所示。

图2.7 "补充信息"页面

在这里选择默认即可。然后单击"提交"按钮，进入"开户成功"页面，如图2.8所示。

图2.8 "开户成功"页面

单击"立即登录网上交易"按钮，即可进行网上基金定投了。

## 2.3.2 在银行开立账户

个人投资者通过代销基金的银行申请开立基金账户，应提交下列各种资料。

（1）填写完整的《开户申请表》。

（2）本人有效身份证件原件。

（3）本人的银行存折（储蓄卡）。

下面通过具体实例讲解一下个人投资者如何在网上银行开立基金账户。

在浏览器的地址栏中输入"http://www.icbc.com.cn"，然后按回车键，就可进入"中国工商银行中国网站"首页，然后单击"个人网上银行登录"按钮，如图2.9所示。

单击"个人网上银行登录"按钮，进入"个人网上银行登录"页面，如图2.10所示。

图2.9　"中国工商银行中国网站"首页

图2.10　"个人网上银行登录"页面

在个人网上银行登录页面，输入银行卡卡号或用户名，再输入登录密码和验证码，然后单击"登录"按钮，即可成功进入网上银行操作页面，如图 2.11 所示。

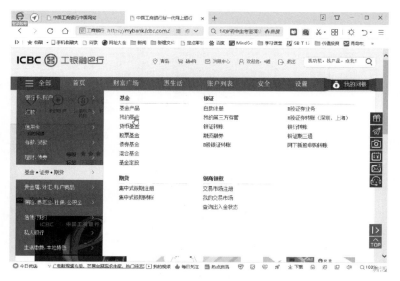

图2.11　网上银行操作页面

单击导航栏中的"全部"按钮，弹出下一级菜单，然后鼠标指针指向"基金·证券·期货"，就会弹出下一级子菜单，执行"我的基金"命令，即可进入"我的基金"页面，如图 2.12 所示。

图2.12　"我的基金"页面

单击"开立银行端基金交易账户"按钮,即可进入"填写开户信息"页面,如图2.13
所示。

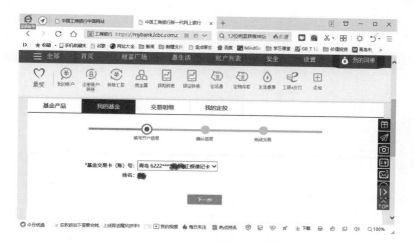

图2.13　"填写开户信息"页面

单击"下一步"按钮,即可进入"确认信息"页面,如图2.14所示。

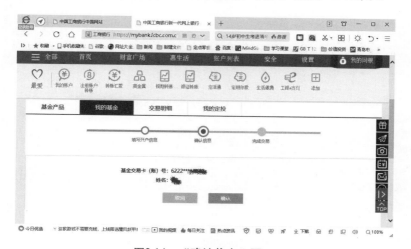

图2.14　"确认信息"页面

单击"确认"按钮,即可在银行开立账户。

### 2.3.3 在证券公司开立账户

通过代销基金的证券公司开立基金账户之前,要先开立资金账户。

个人投资者申请开立资金账户应提供下述各种资料。

（1）填写完整的《资金账户开户申请表》。

（2）本人有效身份证件原件及其复印件。

（3）营业部指定银行的存折（储蓄卡）。

个人投资者申请开立基金账户应提供下述各种资料。

（1）填写完整的《开户申请表》。

（2）本人有效身份证件原件及其复印件。

（3）在本代销机构开立的资金账户卡。

（4）营业部指定银行的存折（储蓄卡）。

## 2.3.4　在天天基金网开立账户

下面介绍一下如何在天天基金网上开立账户。

在浏览器的地址栏中输入"https://www.1234567.com.cn"，然后按回车键，即可进入"天天基金网"首页，如图2.15所示。

图2.15　"天天基金网"首页

单击"免费开户"按钮，进入"填写个人信息"页面，如图2.16所示。

正确输入手机号码、图形验证码和短信校验码后，单击"下一步"按钮，即可设置交易密码，如图2.17所示。

图2.16 "填写个人信息"页面

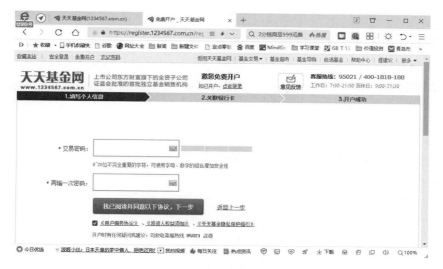

图2.17 设置交易密码

正确设置交易密码后，单击"我已阅读并同意以下协议，下一步"按钮，即可进入"关联银行卡"页面，如图 2.18 所示。

图2.18　"关联银行卡"页面

在这里选择开户银行。如果投资者的开户银行是"中国工商银行"，这里就选择
"中国工商银行"，然后单击"下一步"按钮，即可进入"银行卡信息安全验证"页面，
如图 2.19 所示。

图2.19　"银行卡信息安全验证"页面

正确输入银行卡卡号、持卡人身份证号码、持卡人真实姓名、银行预留手机号信息后，单击"开始安全验证"按钮，弹出"验证提示"对话框，如图 2.20 所示。

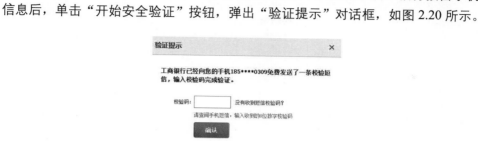

图2.20　"验证提示"对话框

正确输入校验码后，单击"确认"按钮，就可显示"开户成功"页面，如图 2.21 所示。

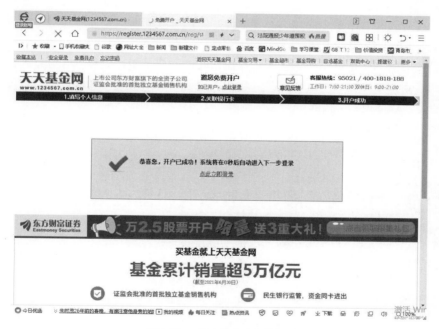

图2.21　"开户成功"页面

## 2.4　基金定投的注意事项

投资者在开放式基金募集期间、基金尚未成立时购买基金单位的过程称为认购。通常认购价为基金单位面值（1 元）加上一定的销售费用。我们认购基金应在基金销售网点填写认购申请书、交付认购款项，在注册登记机构办理有关手续并确认认购。

在基金成立之后，投资者通过销售机构申请向基金管理公司购买基金单位的过程称为申购。投资者在申购基金时通常需要填写基金申购申请书，同时要交付申购款项。款额一经交付，申购申请即为有效申请。

> 📶 提醒：基金只能定投开放式基金，并且认购期的开放式基金不能定投。

在确定定投某基金前，需要认真地阅读有关基金的交易规则、基金契约及开户程序等文件，仔细了解有关基金的投资方向、投资策略、投资目标、基金管理人业绩及开户条件、具体交易规则等重要信息，从而对准备定投的基金风险、收益水平有一个总体评估，并据此作出投资决策。

与定投基金操作相反，投资者卖出基金是把手中持有的基金单位按一定价格卖给基金管理人并收回现金，这一过程称为赎回。其赎回金额是以当日的单位基金资产净值为基础计算的。

投资者赎回基金通常应在基金销售点填写赎回申请书，这样基金管理人员在收到赎回申请书之日起 3 个工作日内，会对该交易的有效性进行确认，并自接受基金投资者有效赎回申请之日起 7 个工作日内，支付赎回款项。

另外，投资者除了可以买卖基金单位外，还可以申请基金转换、非交易过户和红利再投资。

## 2.5 利用同花顺软件查看定投基金信息

现在流行的炒股行情分析软件，都可以查看定投基金信息。本书讲解怎样利用同花顺软件查看定投基金信息。

### 2.5.1 同花顺软件的下载和安装

在浏览器的地址栏中输入"http://www.10jqka.com.cn"，然后按回车键，就可进入同花顺金融服务网的首页，如图 2.22 所示。

单击"软件下载"按钮，就会进入"同花顺下载"页面。同花顺炒股软件有免费版、手机版、收费版等，如图 2.23 所示。

单击"同花顺免费版"下方的"下载"按钮，弹出"新建下载任务"对话框，如图 2.24 所示。

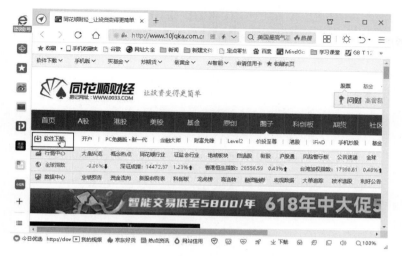

图2.22　同花顺金融服务网的首页

图2.23　"同花顺下载"页面

图2.24　"新建下载任务"对话框

单击"保存"按钮，可成功下载同花顺炒股软件，然后进行安装。

同花顺炒股软件下载成功后，双击 按钮，弹出"同花顺安装"对话框，如图2.25所示。

图2.25 "同花顺安装"对话框

单击"快速安装"按钮，可快速安装同花顺炒股软件。如果单击"自定义安装"按钮，就可以选择同花顺炒股软件的安装位置，同时可以查看该软件安装所占空间的大小，如图2.26所示。

图2.26 选择同花顺炒股软件的安装位置

在默认情况下，软件一般会被安装在C盘。这里采用默认值，然后单击"立即安装"按钮，即可开始安装，并弹出"安装提示"对话框，如图2.27所示。

图2.27 "安装提示"对话框

安装完成后，就会显示如图2.28所示的"安装成功"对话框。

图2.28 "安装成功"对话框

然后，软件会在桌面上自动创建一个快捷图标，如图2.29所示。

图2.29 同花顺快捷图标

## 2.5.2 同花顺软件的用户注册

同花顺炒股软件安装成功后，双击桌面上的快捷图标🔳，弹出"登录到全部行情主站"对话框，如图 2.30 所示。

图2.30 "登录到全部行情主站"对话框

如果有同花顺账号和密码，就可以直接登录；如果没有，就需要先注册。单击"免费注册"按钮，进入"网页端注册"页面，如图 2.31 所示。

图2.31 "网页端注册"页面

提醒：在注册用户时，一定要连接网络，否则无法注册成功。

　　输入手机号，然后单击"获取验证码"按钮，就可以在手机短信中看到验证码，接下来正确填写密码并确认密码，然后单击"同意以下协议并注册"按钮，即可成功注册。

提醒：创建密码和确认密码必须相同。

## 2.5.3 查看定投基金整体信息

　　会员注册成功后，再双击桌面上的快捷图标 ，弹出"登录到全部行情主站"对话框，在默认情况下，软件会自动填写上一次登录或注册的会员用户名和密码，如图 2.32 所示。

图2.32 "登录到全部行情主站"对话框

　　如果用户名和密码都正确，单击"登录"按钮，就可以成功登录同花顺软件。

　　选择菜单栏中的"行情"|"基金"|"基金首页"命令，就可以查看基金的报价信息，即基金代码、基金名称、单位净值、费率等，如图 2.33 所示。

　　想定投哪只基金，只需单击该基金名称，就可进入该"基金的基本资料"页面。在这里单击"创金合信新能源汽车股票 C"，如图 2.34 所示。

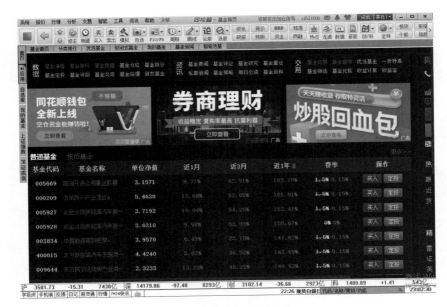

图2.33　基金的报价信息

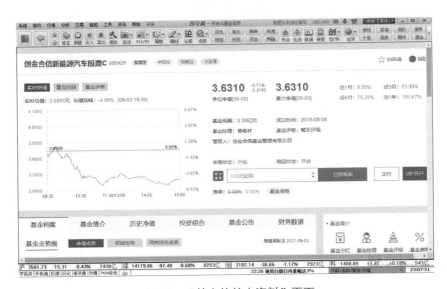

图2.34　"基金的基本资料"页面

在这里可以查看"创金合信新能源汽车股票C"基金的类型（股票型）、风险程度（中风险）、具有的炒作概念（特斯拉、小金属）。

还可以查看该基金的实时估值，单位净值，累计净值，近1月、近3月、近6月及近1年的涨跌幅。

当然也可以查看该基金的基金规模、成立时间、基金经理、基金评级、管理人、申购状态、赎回状态等信息。

单击"重仓持股"按钮，即可查看该基金重仓持有的股票信息，如图 2.35 所示。

单击"基金诊断"按钮，即可查看该基金近1月、近3月、近6月的超越大盘能力、抗跌能力、稳定能力、选证择时能力、风险回报能力。近3月的基金诊断信息如图 2.36 所示。

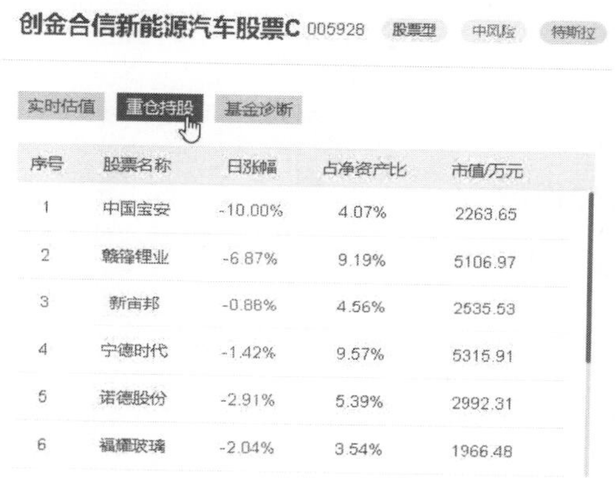

图2.35 重仓持有的股票信息

图2.36 基金诊断信息

向下拖动垂直滚动条，即可查看该基金的涨幅信息，如图 2.37 所示。

图2.37 基金的涨幅信息

在这里可以看到该基金近1周、近1月、近3月、近6月、今年来、近1年、近2年、近3年的阶段涨幅、同类平均、沪深300、同类排名、四分位排名等信息。

从图 2.37 可以看出，该基金近1周表现一般，近1月表现良好，近3月、近6月、今年来、近1年、近2年、近3年表现优秀。

单击"季度涨幅"按钮，即可查看该基金的季度涨幅信息，如图 2.38 所示。

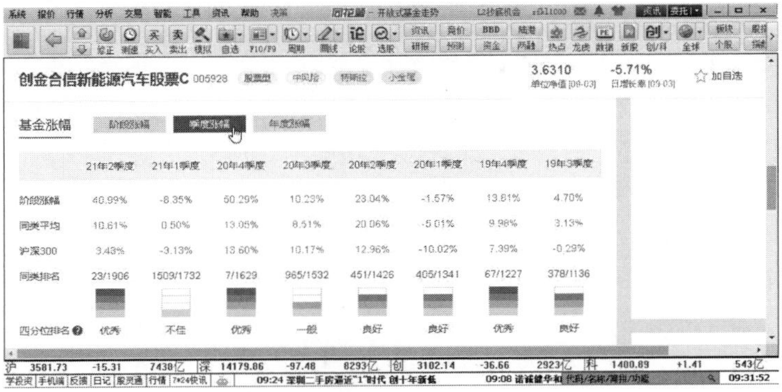

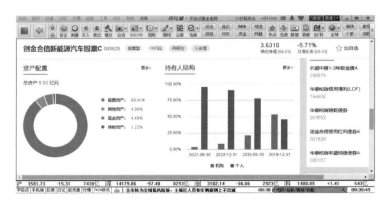

图2.38　基金的季度涨幅信息

单击"年度涨幅"按钮，即可查看该基金的年度涨幅信息，如图 2.39 所示。

图2.39　基金的年度涨幅信息

向下拖动垂直滚动条，即可查看该基金的资金配置和持有人结构信息，如图 2.40 所示。

图2.40　基金的资金配置和持有人结构信息

在这里可以看到，该基金的总资产为 5.80 亿元，其中股票资产占 89.40%、其他资产占 4.88%、现金资产占 4.49%、债券资产占 1.23%。由于该基金股票资产占绝大部分，因此波动会比较大。

从持有人结构来看，从 2019 年 12 月 31 日到 2021 年 6 月 30 日，机构持有基金份额越来越少，个人投资者持有基金份额越来越多，所以该基金风险会越来越大。

向下拖动垂直滚动条，即可查看该基金的基金经理的姓名、基金公司、基金要闻、基金公告等信息，如图 2.41 所示。

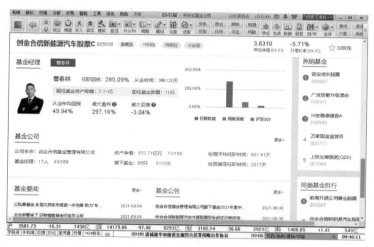

图2.41　基金的基金经理的姓名、基金公司、基金要闻、基金公告等信息

## 2.5.4 定投基金的基金档案

单击"基金档案"按钮，即可查看该基金的净值走势信息，如图 2.42 所示。

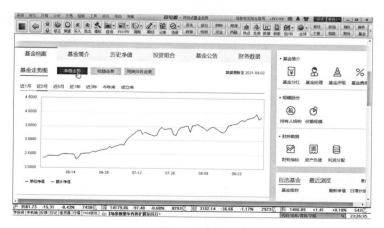

图2.42　基金的净值走势信息

在这里可以看到，近 3 月基金净值震荡上行，整体表现不错。

还可以查看近 1 月、近 6 月、近 1 年、近 3 年、今年来、成立来的基金净值走势。

单击"近 3 年"，即可查看近 3 年的基金净值走势信息，如图 2.43 所示。

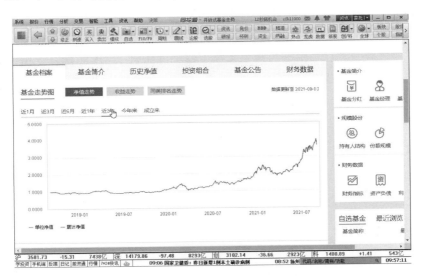

图2.43　近3年的基金净值走势信息

单击"收益走势"按钮，即可查看该基金的收益走势信息，如图 2.44 所示。

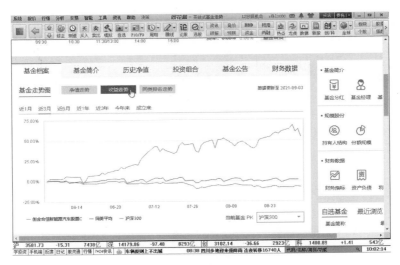

图2.44　基金的收益走势信息

在这里可以看到该基金（创金合信新能源汽车股票 C）、同类平均、沪深 300

近 3 月的对比收益走势。同时，还可以看到基金（创金合信新能源汽车股票 C）的收益走势明显高于同类平均、沪深 300，说明该基金长期走势很优秀。

而且还可以查看近 1 月、近 6 月、近 1 年、近 3 年、今年来、成立来的基金收益走势。单击"成立来"按钮，即可查看成立来的基金收益走势信息，如图 2.45 所示。

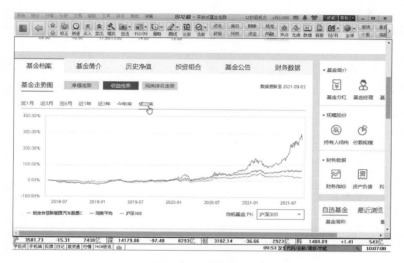

图2.45　成立来的基金收益走势信息

单击"同类排名走势"按钮，即可查看该基金的同类排名走势信息，如图 2.46 所示。

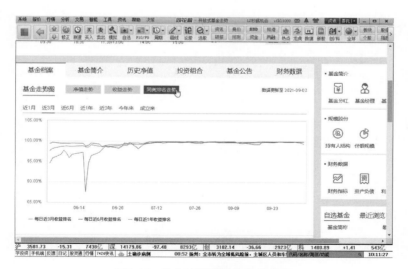

图2.46　基金的同类排名走势信息

## 2.5.5　定投基金简介

单击"基金简介"按钮，即可查看该基金的基金概况，如基金代码、基金类型、投资类型、成立日期、管理费等信息，如图2.47所示。

图2.47　基金概况

向下拖动垂直滚动条，还可以查看该基金的投资理念、投资范围、投资策略等信息，如图2.48所示。

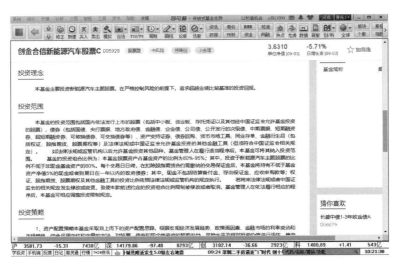

图2.48　基金的投资理念、投资范围、投资策略等信息

单击"基金经理"按钮，即可查看该基金现任基金经理的姓名、上任时间、简介。还可以查看该基金经理任职基金、任职回报等信息，如图 2.49 所示。

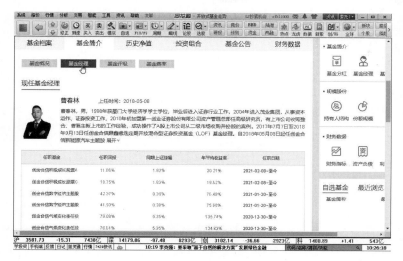

图2.49　基金经理信息

单击"基金评级"按钮，即可查看该基金的评级信息，还可以查看评级机构简介信息，如图 2.50 所示。

图2.50　基金评级信息

单击"基金费率"按钮，即可查看该基金的申购费率（前端或后端）、赎回费率等信息，如图 2.51 所示。

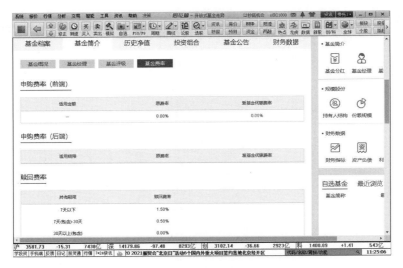

图2.51　基金费率信息

## 2.5.6 定投基金的历史净值

单击"历史净值"按钮，即可查看该基金的历史净值走势，即累计净值走势，如图 2.52 所示。

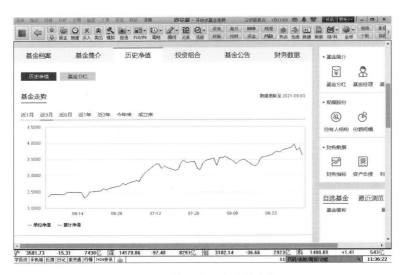

图2.52　基金的历史净值走势

向下拖动垂直滚动条，即可查看该基金最近的净值列表信息，即单位净值、累计净值、增长值、增长率等信息，如图 2.53 所示。

图2.53　基金最近的净值列表信息

单击"基金分红"按钮，即可查看基金的分红统计、分红详情、拆分详情等信息，如图 2.54 所示。

图2.54　基金分红信息

## 2.5.7　定投基金的投资组合

单击"投资组合"按钮，即可查看该基金的资产配置和行业配置信息，如图 2.55 所示。

图2.55 基金的资产配置和行业配置信息

在这里可以看到，2021 年第 2 季度，该基金的总资产为 5.80 亿元，净资产为 3.00 亿元。行业配置信息是制造业占 84.00%，综合占 4.07%，电力、热力、燃气及水生产和供应业占 3.32%，房地产业占 1.77%，科学研究和技术服务业占 0.11% 等。

向下拖动垂直滚动条，即可查看该基金的重仓股信息，即重仓股票的股票名称、持有量（万股）、市值（万元）、占净值比等信息，如图 2.56 所示。

图2.56 基金的重仓股信息

继续向下拖动垂直滚动条，即可查看该基金的重仓债和持仓变动信息，如图 2.57 所示。

图2.57　基金的重仓债和持仓变动信息

## 2.5.8　定投基金的基金公告

单击"基金公告"按钮，即可查看该基金的全部公告信息，如图 2.58 所示。

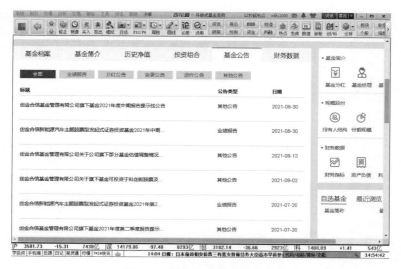

图2.58　基金的全部公告信息

单击"业绩报告"按钮，即可查看该基金的业绩报告信息，如图 2.59 所示。

图2.59　基金的业绩报告信息

如果想查看具体的某条业绩报告信息，只需双击该业绩报告的标题即可。在这里双击"创金合信新能源汽车主题股票型发起式证券投资基金 2021 年中期报告"，即可浏览该业绩报告的具体内容，如图 2.60 所示。

图2.60　创金合信新能源汽车主题股票型发起式证券投资基金2021年中期报告

同理，还可以查看分红公告、变更公告、运作公告、其他公告等信息。

## 2.5.9 定投基金的财务数据

单击"财务指标"按钮，即可查看该基金的财务指标信息，如本期利润、加权平均基金份额本期利润、本期加权平均净值利润率、本期基金份额净值增长率、期末可供分配利润、期末基金资产净值、期末基金份额净值等，如图 2.61 所示。

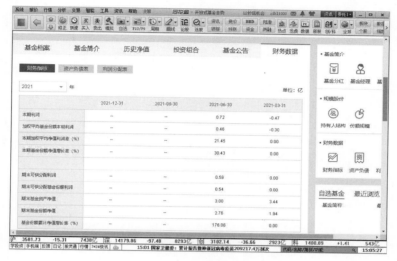

图2.61　基金的财务指标信息

单击"资产负债表"按钮，即可查看该基金的资产信息等相关信息，如图 2.62 所示。

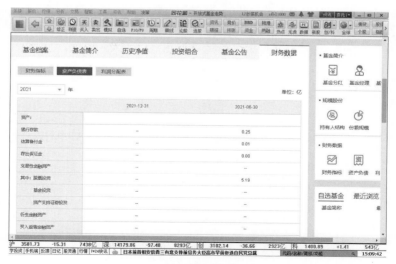

图2.62　基金的资产负债表信息

单击"利润分配表"按钮，即可查看该基金的收入等信息，如图 2.63 所示。

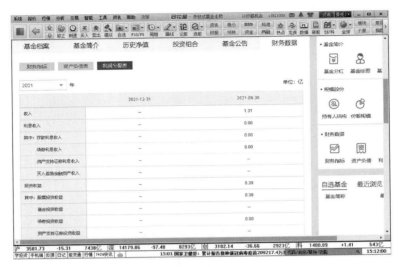

图2.63　基金的利润分配表信息

# 第 3 章

## 手把手教您运作基金

基金作为一种投资方式，正日益为广大投资者所青睐，但基金种类有哪些、基金是如何运作的、基金的费用和收益都有哪些，很多投资者并不清楚。本章将针对这些问题进行具体讲解。

**本章主要内容包括下述各点。**

◎ 基金的类型

◎ 基金的运作

◎ 认购费和申购费

◎ 费用的外扣法和内扣法

◎ 赎回费和转换费

◎ 管理费和托管费

◎ 前端收费和后端收费

◎ 基金收益的构成

◎ 基金收益的计算方法

◎ 基金收益分配原则和分配方案

◎ 基金投资理财是投资者最好的选择

◎ 基金理财的整体思路

## 3.1 基金的类型

### 3.1.1 开放式基金和封闭式基金

按基金单位是否可增加或赎回，基金可分为开放式基金和封闭式基金。

1）开放式基金

开放式基金是一种发行额可变，基金份额（单位）总数可随时增减，投资者可按基金的报价在基金管理人指定的营业场所申购或赎回的基金。与封闭式基金相比，开放式基金具有发行数量没有限制、买卖价格以资产净值为准、在柜台上买卖和风险相对较小等特点，特别适合中小投资者投资购买。

开放式基金发行结束后，投资者既可以在指定网点申购与赎回基金份额，也可以在交易所买卖该基金。不过投资者如果是在指定网点申购的基金份额，想要上网抛出，需办理转托管手续；同样，如果是在交易所网上买进的基金份额，想要在指定网点赎回，也要办理转托管手续。

2）封闭式基金

封闭式基金是指基金规模在发行前已确定、在发行完毕后的规定期限内固定不变并在证券市场上交易的投资基金。

封闭式基金在证券交易所采取竞价的方式，因此交易价格受到市场供求关系的影响而并不必然反映基金的净资产值，即相对其净资产值，封闭式基金的交易价格有溢价、折价现象。

国外封闭式基金的实践证明，其交易价格往往存在先溢价、后折价的价格波动规律。从我国封闭式基金的运行情况看，无论基本面状况如何变化，我国封闭式基金的交易价格走势也始终未能脱离先溢价、后折价的价格波动轨道。

> 提醒：基金定投只能投开放式基金。封闭式基金由于发行后规模不变，所以不能进行定投。

### 3.1.2 公司型基金和契约型基金

按组织形式不同，基金可分为公司型基金和契约型基金。

1）公司型基金

公司型基金又称共同基金，指基金本身为一家股份有限公司所有，公司通过发行股票或受益凭证的方式来筹集资金。投资者购买了该家公司的股票，就成为该公司的股东，可以凭股票领取股息或红利，分享投资所获得的收益。

在美国基金市场上，公司型基金占多数，但我国内地目前还没有公司型基金。

2）契约型基金

契约型基金又称单位信托基金，是指把投资者、管理人、托管人三者作为当事人，通过签订基金契约的形式发行受益凭证而设立的一种基金。

在这个契约中，基金管理公司将募集来的资金委托给托管银行，即基金管理公司负责资金运作，资金由托管银行保管。而基金投资者是这个契约的受益者，契约中的所有资产都归投资者所有，投资产生的收益也属于投资者。

📶提醒：目前我国的证券投资基金均为契约型基金。

## 3.1.3 公募基金和私募基金

按是否向特定投资者发行划分，基金可分为公募基金和私募基金。

1）公募基金

公募基金是指受我国政府主管部门监管，向不特定投资者公开发行受益凭证的证券投资基金。例如，目前国内证券市场上的封闭式基金就属于公募基金。

2）私募基金

私募基金是指非公开发行，私下向特定投资者募集资金的一种集合投资方式。

📶提醒：公募基金作为普惠金融产品，所要求的购买资金门槛通常比较低，而私募基金要求投资者具有较高的风险识别能力以及风险承受能力，相应其购买资金门槛比较高，需100万元起。

## 3.1.4 股票基金、债券基金、货币型基金、期货基金、期权基金、指数基金、打新基金和混合基金

按投资对象不同，基金可分为股票基金、债券基金、货币型基金、期货基金、期权基金、指数基金、打新基金和混合基金等。

1）股票基金

股票基金是以股票为投资对象的投资基金，是投资基金的主要种类。股票基金的主要功能是将大众投资者的小额资金集中为大额资金，投资于不同的股票组合，是股票市场的主要机构投资者。

> 📶 提醒：在股票基金中，60%以上的基金资产可用于投资股票。

**2）债券基金**

债券基金，又称债券型基金，顾名思义，是以债券为主要投资标的的共同基金，除了债券之外，尚可投资于金融债券、债券附买回、定存、短期票券等，绝大多数以开放式基金型态发行，并采取不分配收益方式，合法节税。目前，国内大部分债券型基金属性偏向于收益型债券基金，以获取稳定的利息为主，因此，收益普遍呈现稳定成长态势。

> 📶 提醒：在债券基金中，80%以上的基金资产可用于投资债券。

**3）货币型基金**

货币型基金是指投资于货币市场短期有价证券的一种基金。该基金资产主要投资于短期货币工具，如国库券、商业票据、银行定期存单、政府短期债券、企业债券等短期有价证券。

**4）期货基金**

期货基金是指以各类期货品种为主要投资对象的投资基金。

**5）期权基金**

期权基金是指以能分配股利的股票期权为投资对象的投资基金。

**6）指数基金**

指数基金是指以某种证券市场的价格指数为投资对象的投资基金。

**7）打新基金**

打新基金是指以新股申购为投资对象的投资基金。

**8）混合基金**

混合基金又称配置型基金，是可以投资于股票、债券和货币市场，没有明确投资方向的基金。其风险低于股票基金，预期收益则高于债券基金。它为投资者提供了一种在不同资产之间进行分散投资的工具，比较适合较为保守的投资者。

## 3.1.5 成长型基金、收入型基金和平衡型基金

根据投资风险与收益的不同，基金可分为成长型基金、收入型基金和平衡型基金。

**1）成长型基金**

成长型基金是以资本长期增值为目标的基金，其投资对象主要是市场中有较大升值潜力的小公司股票和一些新兴行业的股票。

> 📶 提醒：成长型基金一般很少分红，经常将投资所得的股息、红利、盈利进行再投资，以实现资本增值。

2）收入型基金

收入型基金是以追求基金当期收入为目标的基金，其投资对象主要是优绩股、债券、可转让大额定期存单等收入比较稳定的有价证券。

> 📶 提醒：收入型基金一般会把所得的利息、红利都分配给投资者。

3）平衡型基金

平衡型基金，其目标介于成长型基金与收入型基金之间，既追求长期资本增值，又追求当期收入。在投资对象方面，兼顾了股票和债券的成长性与收益性，其收益与风险状况介于成长型基金和收入型基金之间。

## 3.1.6 美元基金、日元基金和欧元基金

根据投资货币种类划分，基金可分为美元基金、日元基金和欧元基金等。

1）美元基金

美元基金是指投资于美元市场的投资基金。

2）日元基金

日元基金是指投资于日元市场的投资基金。

3）欧元基金

欧元基金是指投资于欧元市场的投资基金。

## 3.1.7 国际基金、海外基金、国内基金、国家基金和区域基金

根据资本来源和运用地域的不同划分，基金可分为国际基金、海外基金、国内基金、国家基金和区域基金等。

1）国际基金

国际基金是指资本来源于国内，并投资于国外市场的投资基金。

2）海外基金

海外基金也称离岸基金，是指资本来源于国外，并投资于国外市场的投资基金。

3）国内基金

国内基金是指资本来源于国内，并投资于国内市场的投资基金。

4）国家基金

国家基金是指资本来源于国外，并投资于某一特定国家的投资基金。

5）区域基金

区域基金是指投资于某个特定地区的投资基金。

## 3.1.8 ETF基金、LOF基金、QFII基金、QDII基金、伞型基金、分级基金、保本基金、对冲基金

除了上述类型的基金外，还有几种特殊类型的基金，分别是 ETF 基金、LOF 基金、QFII 基金、QDII 基金、伞型基金、分级基金、保本基金、对冲基金。

1）ETF 基金和 LOF 基金

ETF（exchange traded fund）基金为"交易型开放式指数基金"，又称交易所交易基金，是一种在交易所上市交易的开放式证券投资基金产品，交易手续与股票完全相同。ETF 管理的资产是一揽子股票组合，这一组合中的股票种类与某一特定指数，如上证 50 指数包含的成分股票相同，每只股票的数量与该指数的成分股构成比例一致，其交易价格取决于它拥有的一揽子股票的价值，即"单位基金资产净值"。ETF 的投资组合通常可以完全复制标的指数，其净值表现与盯住的特定指数高度一致。比如，上证 50ETF 的净值表现就与上证 50 指数的涨跌高度一致。

LOF（listed open-ended fund）基金为"上市型开放式基金"，在国外又称共同基金。其在产品特性上与一般开放式基金没有区别，只是在交易方式上增加了二级市场买卖这条新渠道。

2）QFII 基金和 QDII 基金

QFII（qualified foreign institutional investors）为"合格的境外机构投资者"。在 QFII 制度下，QFII 将被允许把一定额度的外汇资金汇入并兑换为当地货币，通过被严格监督管理的专门账户投资当地证券市场，包括股息及买卖价差等在内的各种资本所得经审核后可转换为外汇汇出，实际上就是对外资有限度地开放本国证券市场。

> 📶提醒：在QFII制度下，政府能够从容地进行外汇监管和宏观调控，减少资本流动，特别是国际游资对国内经济和证券市场的冲击。

QDII（qualified domestic institutional investor）为"合格的境内机构投资者"。它是在一国境内设立，经该国有关部门批准从事境外证券市场股票、债券等有价证券业务的证券投资基金。

与国内资本市场投资相比，通过 QDII 进行海外投资要面临更多额外风险，其中主要是汇率风险。如果投资者持有 QDII 期间汇率剧烈波动，那么投资者的收益率也会发生相应的变化。

QFII 和 QDII 的关系如图 3.1 所示。

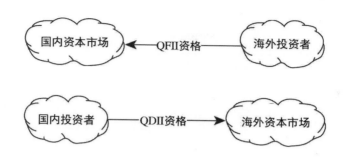

图3.1　QFII和QDII的关系

3）伞型基金

伞型基金是指在一个母基金之下再设立若干个子基金，各子基金独立作出投资决策的基金运作模式。

伞型基金的主要特点是在基金内部可以为投资者提供多种选择，投资者可根据自己的需要转换基金类型（不用支付转换费用），在不增加成本的前提下可为投资者提供一定的选择余地。

4）分级基金

分级基金又称"结构型基金"，是指在一个投资组合下，通过对基金收益或净资产的分解，形成两级（或多级）风险收益表现有一定差异化基金份额的基金品种。

分级基金的主要特点是将基金产品分为两类或多类份额，并分别进行不同的收益分配。分级基金各个子基金的净值与占比的乘积之和等于母基金的净值。

例如，拆分成两类份额的母基金净值 =A 类子基金净值 × A 份额占比（%）＋ B 类子基金净值 × B 份额占比（%）。如果母基金不进行拆分，其本身就是一种普通的基金。

5）保本基金

保本基金是一种半封闭式的基金产品。这种基金在一定的投资期（如 3 年或 5 年）内可为投资者提供一定的固定比例（如 100%、102% 或更高）的本金回报保证。除此之外还可通过其他一些高收益金融工具（股票、衍生证券等）的投资保持为投资者提供额外回报的潜力。投资者只要持有基金到期，就可以获得本金回报的保证。

在市场波动较大或市场整体低迷的情况下，保本基金为风险承受能力较低，同时又期望获取高于银行存款利息回报，并且以中线至长线投资为目标的投资者提供了一种低风险又保有升值潜力的投资工具。

6）对冲基金

对冲基金英文为"Hedge Fund"，意为"风险对冲过的基金"。这种基金起源于 20 世纪 50 年代初的美国，当时的操作宗旨是利用期货、期权等金融衍生产品以及对相关联的不同股票进行实买空卖、风险对冲操作技巧，力图一定程度上规避和化解投资风险。

> 📶提醒：适合基金定投的基金类型为股票型、债券型、混合型、指数型、QDII等。

## 3.2 基金的运作

下面讲解基金如何运作。

### 3.2.1 基金运作过程中涉及的对象

基金运作过程中涉及的对象主要有 5 个，如图 3.2 所示。

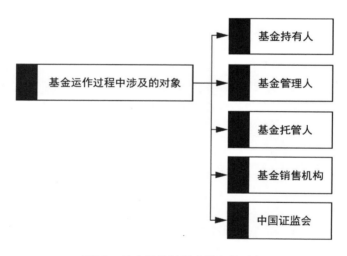

图3.2　基金运作过程中涉及的对象

1）基金持有人

基金持有人即投资者。投资者只要通过代销机构购买基金，就会成为基金份额持有人。例如，您通过银行购买了基金，那您便是基金持有人。

2）基金管理人

基金管理人即基金管理公司。基金管理公司通过专业投研团队对基金持有人的资金进行投资运作。

3）基金托管人

基金托管人是指具备基金托管资格的商业银行，如中国工商银行、中国建设银行、中国农业银行等。基金管理公司只负责投资，并不直接接触资金和证券，托管银行负责保管投资人的资金和证券。

4）基金销售机构

基金销售机构包括银行、基金公司、第三方基金销售公司等。通常第三方基金销售公司会提供更丰富的产品、更低的手续费和更专业的投资顾问服务。

5）中国证监会

中国证监会负责监管和规范基金管理人，以保护投资者的利益，并防止"老鼠仓"等侵害投资者利益的行为发生。

## 3.2.2 基金成立过程涉及的环节

成立一只新的基金，基金管理公司首先需要向中国证监会提出申请（申请期）。在申请通过后，基金管理公司还需要通过销售渠道向投资者发售基金份额（募集期），如果募集资金未达到中国证监会要求的最低标准，基金就不能成立，基金管理公司必须将资金退还投资者并支付利息。如果募集到足额资金，基金就宣告成立并进入封闭期（不可进行申购和赎回），基金在此时完成基金资产的投资（建仓期）。建仓完成后基金申购和赎回打开，此时投资者方可通过银行、基金公司、基金代销机构进行基金申购。因此，基金成立过程涉及募集申请、基金募集、投资管理 3 个环节。

1）募集申请

基金的发起需要得到中国证监会的核准，要向中国证监会上报一系列法律文件，包括申请报告、基金合同草案、基金托管协议草案、基金招募说明书草案及相关证明文件等。

2）基金募集

中国证监会核准基金的募集申请后，基金管理公司要通过自己的销售渠道向投资者发售基金，或者委托具有代销资格的代销机构销售。

3）投资管理

投资管理是基金管理和运作中最重要的环节，决定着基金的经营业绩。基金管理公司必须按照基金合同和招募说明书的规定，按一定的投资范围和投资比例，遵循本公司投资决策程序，然后将资金投入股票、债券、货币市场工具等投资标的。

（1）建仓。新发行基金募集完毕之后，都会有一个建仓期，就是配置投资股票、债券等。具体建仓时间的长短，由基金管理公司经过各方面考虑后确定。

（2）基金的信息披露。为了保证投资者能够按照基金合同约定的时间和方式查阅相关信息，基金要对相关信息公开披露，如基金招募说明书、基金合同、托管协议、募集情况、基金净值、基金申购、赎回价格等，还要按期公布季度报告、半年度报告、年度报告。相关信息还必须附有由会计师事务所和律师事务所出具的意见。

> 📶 **提醒**：最重要的信息为净值、季报、年报。基金净值为每日更新，可以帮助投资者了解申购赎回价格和计算收益情况。基金季报在季度结束后的15个工作日内发布，可以帮助投资者了解基金的重仓股和持有人结构等信息。基金年报一般在每年结束后的90日内发布，可以帮助投资者了解基金内控机制和基金经理投资策略等信息。

（3）基金的运作费用。基金的运作费用是为了支持基金的运作而产生的，由基金合同加以规定，主要包括支付给基金管理人的基金管理费、支付给基金托管人的基金托管费、基金合同生效后的信息披露费、基金合同生效后的会计师费和律师费等。

> 📶 **提醒**：基金的运作费用已在基金净值中扣除，不需要再单独支付这笔费用。

（4）基金的收益分配。基金收益包括投资标的产生的股息、红利、利息、证券买卖价差和其他收入。当符合基金合同约定的收益分配条件时，基金管理人会进行收益分配（即分红），分红方式包括现金分红及红利再投资两种。

## 3.3 基金投资的费用

基金投资的费用包括认购费和申购费、赎回费和转换费、管理费和托管费，下面将分别进行详细讲解。另外，对费用的外扣法和内扣法以及前端收费和后端收费也进行了详细介绍。

### 3.3.1 认购费和申购费

购买基金有两种方式，分别是认购和申购。

（1）认购。投资者在基金募集期按照基金的单位面值加上需要缴纳的手续费购买基金的行为。

目前国内通用的认购费计算方法为

$$认购费用 = 认购金额 \times 认购费率$$
$$净认购金额 = 认购金额 - 认购费用$$

（2）申购。投资者在基金成立之后，按照基金的最新单位净值加上手续费购买基金的行为。

> 📶 **提醒**：基金定投只能申购，不能认购。

目前，国内通用的申购费计算方法为

$$申购费用 = 申购金额 \times 申购费率$$

$$净申购金额 = 申购金额 - 申购费用$$

我国《开放式证券投资基金试点办法》规定，开放式基金可以收取申购费用，但申购费率不得超过申购金额的 5%。目前申购费率通常在 1% 左右，并且可随着投资金额的增大而相应地减让。

开放式基金收取认购费和申购费的目的主要用于销售机构的佣金和宣传营销费用等方面的支出。

> 📶提醒：单从手续费来看，认购基金费用一般低于申购基金费用，这是因为认购的是新基金，基金公司为了保证发行规模鼓励认购。但投资者要明白，认购基金有几个月的封闭期，这几个月几乎没有运作收益，并且封闭期后，基金的运作水平也不可知。

下面来查看一下基金的申购费率。

打开同花顺软件，直接输入要查看的基金代码。假如输入前海开源公用事业股票基金的代码 005669，然后按回车键，就可以查看该基金的基本资料，如图 3.3 所示。

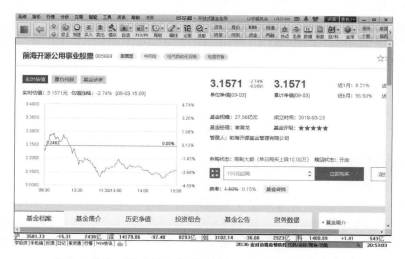

图3.3　前海开源公用事业股票基金（005669）的基本资料

单击"基金简介"按钮，再单击其下面的"基金费率"按钮，就可以查看该基金的申购费率。注意该基金只支持前端申购，不支持后端申购，如图 3.4 所示。

在这里可以看到，投资者购买的基金金额越大，申购费率越低。50 万元以下，原申购费率为 1.50%，优惠后的申购费率为 0.15%。

例如，投资者用 20 万元申购基金，如果不优惠，申购费用为 20 万元 ×1.50% = 0.3 万元 =3000 元。优惠后，申购费用为 20 万元 ×0.15% = 0.03 万元 =300 元。可以看出，优惠力度还是很大的。

50 万元到 250 万元（包含 50 万元），原申购费率为 1.00%，优惠后的申购费率为 0.10%。

例如，投资者用 100 万元申购基金，如果不优惠，申购费用为 100 万元 ×1.00% = 1 万元 =10000 元。优惠后，申购费用为 100 万元 ×0.10% = 0.1 万元 =1000 元。可以看出，优惠了 9000 元。

500 万元以上（包含 500 万元）每笔申购费用为 1000 元，即 1000 元 / 笔。

图3.4 前海开源公用事业股票基金（005669）的申购费率

## 3.3.2 费用的外扣法和内扣法

以前，国内基金公司计算认购、申购费用和份额时，采用的是内扣法，而 2007 年 3 月，中国证监会基金部发出《关于统一规范证券投资基金认（申）购费用及认（申）购份额计算方法有关问题的通知》，要求基金公司应当在通知下发之日起三个月内统一调整为外扣法。

那么什么是外扣法，什么是内扣法呢？

外扣法和内扣法是基金申购费用和份额的两种计算方法，两者的区别是外扣法是针对申购金额而言的，其中申购金额包括申购费用和净申购金额；而内扣法针对的是实际申购金额，即从申购总额中扣除申购费用。

内扣法的计算公式为

$$申购费用 = 申购金额 \times 申购费率$$
$$净申购金额 = 申购金额 - 申购费用$$
$$申购份额 = 净申购金额 \div 当日基金份额净值$$

外扣法的计算公式为

$$净申购金额 = 申购金额 \div （1 + 申购费率）$$
$$申购费用 = 申购金额 - 净申购金额$$
$$申购份额 = 净申购金额 \div 当日基金份额净值$$

假如，投资者投资 10 万元申购某基金，申购费率为 1.5%，基金单位（份额）净值为 1 元。

如果按内扣法计算

$$申购费用 = 10万元 \times 1.5\% = 1500元$$
$$净申购金额 = 10万元 - 1500元 = 98500元$$
$$申购份额 = 98500 \div 1 = 98500份$$

如果按外扣法计算

$$净申购金额 = 10万元 \div （1 + 1.5\%） = 98522.17元$$
$$申购费用 = 10万元 - 98522.17元 = 1477.83元$$
$$申购份额 = 98522.17 \div 1 = 98522.17份$$

根据上述计算结果，可以看出外扣法可以多得 22 份左右的基金份额。所以采用外扣法计算申购份额，在同等申购金额条件下，投资者可以少付申购费用，多收申购份额，这对投资者来说显然是好事。

## 3.3.3 赎回费和转换费

赎回费是指基金在存续期间，已持有基金单位的投资者向基金公司卖出基金单位时所支付的手续费。

赎回费设计的目的主要是对其他基金持有人提供的一种补偿机制。通常赎回费中的至少 25% 归基金资产，由基金持有人分享其资产增值收益。

我国《开放式证券投资基金试点办法》规定，开放式基金可以收取赎回费，但赎回费率不得超过赎回金额的 3%。目前赎回费率通常在 1% 左右，并且可随持有基金份额的时间增加而递减。一般持有两年以上就可以免费赎回了。

> 📶 提醒：封闭式基金可以通过二级市场的买卖交易变现，开放式基金的赎回价格是以基金单位净值为基础计算出来的。

转换费是指投资者按照基金管理人的规定，在同一基金管理公司管理的不同基金之间转换投资所需支付的费用。

基金转换费的计算方式有两种，分别是费率方式和固定金额方式。采取费率方式收取时，应以基金单位资产净值为基础计算，但费率不得高于申购费率。通常情况下，此项费率很低，一般只有百分之零点几。

转换费的有无或多少，具有较大的随意性，同时与基金产品性质和基金公司的策略有密切关系。

例如，伞型基金内子基金间的转换不收取转换费用；有的基金公司规定，一定转换次数以内的转换不收取费用，或由债券基金转换为股票基金时不收取转换费用；等等。

> 📶 提醒：买卖封闭式基金的手续费俗称佣金，用以支付给证券商作为提供买卖服务的报酬。目前，法规规定的基金佣金上限为每笔交易金额的3‰，佣金下限为每笔5元，证券商可以在这个范围内自行确定费用比率。这与股票的佣金是相同的。

下面来查看一下基金的赎回费率。

打开同花顺软件，直接输入要查看的基金代码。假如输入前海开源公用事业股票基金的代码005669，然后按回车键，就可以查看该基金的基本资料。

单击"基金简介"按钮，再单击其下面的"基金费率"按钮，就可以查看该基金的赎回费率，如图3.5所示。

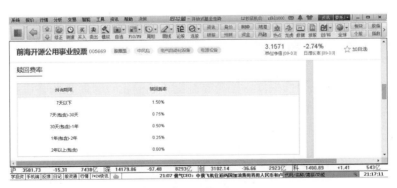

图3.5　前海开源公用事业股票基金（005669）的赎回费率

在这里可以看出，基金的赎回费率与持有基金的时间长短相关，持有基金的时间越长，赎回费率越低。如果持有基金时间为 2 年或 2 年以上，在赎回基金时，就没有赎回费用了。

## 3.3.4 管理费和托管费

在基金的运作过程中发生的一些开支需要由基金持有人来负担。基金管理人管理和运作基金，需要给基金公司员工和经理人发工资，以及基金公司的各项设施设备等开支都属于管理费。

为了确保基金资金的安全，需要将这些资金交由银行等信誉度较高的机构托管，托管过程中所支付的费用属于托管费。管理费和托管费的最终承担者都是基金购买者，即投资者。

1）基金管理费

基金管理费是指支付给实际运作基金资产、为基金提供专业服务的基金管理人的费用，也就是管理人为管理和操作基金而收取的报酬。

支付给基金管理人的基金管理费，其数额一般可按照基金净值的一定比例从基金资产中提取。基金管理人是基金资产的管理者和运作者，对基金的保值和增值具有决定性的作用。因此，基金管理费收取的比例比其他费用要高。

基金管理费是基金管理人的主要收入来源，基金管理人的各项开支不能另外向投资者收取。在国外，基金管理费通常按照每个估值日基金净资产的一定比例（如年利率）逐日计算，定期支付。

管理费的高低与基金的规模有关。一般来说，基金的规模越大，基金管理费率相对越低。但同时，基金管理费率与基金类别及不同国家和地区也有关系。一般来说，基金风险程度越高，基金管理费率越高，其中费率最高的基金为证券衍生工具基金，如期货期权基金、认股权证基金等；最低的是货币市场基金。

我国目前的基金管理年费率约在 1.5%。为了激励基金管理公司更有效地运用基金资产，有的基金还规定可向基金管理人支付基金业绩报酬。基金业绩报酬通常可根据所管理的基金资产的增长情况规定一定的提取比例。

2）基金托管费

基金托管费是指基金托管人为基金提供托管服务而向基金或基金公司收取的费用。

托管费通常可按照基金资产净值的一定比例提取，逐日计算并累计，至每月月末支付给托管人，此费用也可从基金资产中支付，不需另向投资者收取。基金托管费计入固定成本。

基金托管费收取的比例同基金管理费类似，这与基金规模和所在地区有一定关系，通常基金规模越大，托管费率越低；新兴市场国家的托管费收取比例相对较高。例如，国际上托管费率通常在 0.2% 左右，而在我国则为 0.25%。

> 📶 提醒：基金管理费和托管费是管理人和托管人为基金提供服务而收取的报酬，是管理人和托管人的业务收入。管理费率和托管费率一般需经基金监管部门认可后，在基金契约或基金公司章程中标明，不得任意更改。另外，基金管理人和托管人，未履行或未完全履行义务导致的费用支出或基金资产损失，以及处理与基金运作无关的事项发生的费用，不得列入基金管理费和托管费。

下面来查看一下基金的管理费率和托管费率。

打开同花顺软件，直接输入要查看的基金代码。假如输入前海开源公用事业股票基金的代码005669，然后按回车键，就可以查看该基金的基本资料。

单击"基金简介"按钮，再单击其下面的"基金费率"按钮，就可以查看该基金的管理费率和托管费率，如图3.6所示。

在这里可以看出，基金的管理费率每年为1.50%，托管费率每年为0.25%。

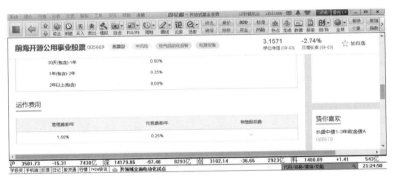

图3.6 前海开源公用事业股票基金（005669）的管理费率和托管费率

## 3.3.5 前端收费和后端收费

前端收费和后端收费是针对基金认（申）购费来说的。

前端收费是指投资者在认（申）购基金时所缴纳的费用。通常这部分费用的收费标准会按照购买金额的大小递减。

后端收费是指投资者在认（申）购基金时不缴纳费用，等基金购回时一起缴纳。这样收取的费用会按照基金持有时间递减。如果投资者持有基金时间超过一定年限，还可以免交相关费用。

为了鼓励长期投资，不少基金公司推出"后端收费"模式，即先投资后买单。投资者如果看好某只基金，并且打算长期持有，采用后端收费模式比采用前端收费模式更好，因为这样可以省下不少费用。下面举例说明。

有张、王两位先生，3年前两人分别投资3万元，在同一天同一个价位买入同一只开放式股票基金。现在，这只基金的净值已经实现翻倍，两人决定落袋为安，即把浮动账面收益换成真金白银，因而一起购回这只基金。而结果却是张先生比王先生的实际投资收益高出 1200 多元，这是什么原因呢？

原因在于王先生选择的是前端收费模式，申购费率为 1.5%，赎回费率为 0.3%，合计为 1.8%；而张先生选择的是后端收费模式，持有满 3 年，赎回费率为 0.2%，支付的申购费率只有 0.8%，合计为 1.0%。

这样投资 3 万元，张先生比王先生节省了 0.8% 的费率，即手续费省了 3 万元 × 0.8% = 240 元。

同时，由于张先生选择后端收费模式，即先投资后买单，因此购买的基金份额要比王先生多。

具体来看，3 年前购买时，申购日的基金单位净值为 1.08 元，这样张先生可获得的基金份额为 3 万元 ÷ 1.08 = 27778 份；而王先生先要付申购费，然后再购买基金，所以其获得的基金份额为 3 万元 × （1 − 1.5%）÷ 1.08 = 27361 份。

在这里可以看到，张先生比王先生用同样的钱，却比王先生多买了 27778 − 27361 = 417 份。所以，同样的投资者，张先生比王先生收益要高不少。

华夏红利混合基金（002011）就是一只既可前端收费，也可后端收费的基金，下面来具体看一下。

打开同花顺软件，直接输入要查看的基金代码。假如输入华夏红利混合基金的代码 002011，然后按回车键，就可以查看该基金的基本资料。

单击"基金简介"按钮，再单击其下面的"基金费率"按钮，即可查看该基金的前端申购费率和后端申购费率，如图 3.7 所示。

图3.7　华夏红利混合基金（002011）的前端申购费率和后端申购费率

在这里可以看出，前端申购费率主要与购买基金的金额有关，金额越大，申购费率越低。后端申购费率主要与持有基金的时间有关，时间越长，申购费率越低。在这里还可以看到，如果持有基金的时间长达 8 年，就没有申购费用了。所以，选择后端收费模式，对于中小散户投资者来讲，是比较适合的，特别适合定投投资者。

# 3.4　基金投资的收益

前面介绍了基金投资的费用，下面来介绍一下基金投资的收益。

## 3.4.1　基金收益的构成

基金收益是基金资产在运作过程中所产生的超过自身价值的部分收益。具体地说，基金收益包括 6 个部分，如图 3.8 所示。

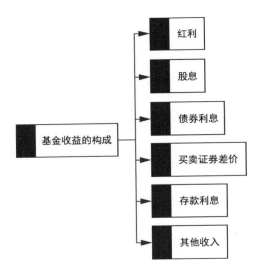

图3.8　基金收益的构成

1）红利

红利是指基金因购买公司股票而享有对该公司净利润分配的所得。一般而言，公司对股东的红利分配有现金红利和股票红利两种形式。

作为基金长线投资者，其主要目标在于获取长期、稳定的回报，红利是构成基金收益的一个重要部分。所投资股票的红利的多少，是基金管理人选择投资组合的一个重要标准。

2）股息

股息是指基金因购买公司的优先股权而享有对该公司净利润分配的所得。股息通常应按一定的比例事先规定，这是股息与红利的主要区别。

与红利相同，股息也是构成投资者回报的一个重要部分，股息高低也是基金管理人选择投资组合的重要标准。

3）债券利息

债券利息是指基金资产因投资于不同种类的债券（国债、地方政府债券、企业债、金融债等）而定期取得的利息。

4）买卖证券差价

买卖证券差价是指基金资产投资于证券而获得的价差收益，通常又称资本利得。

5）存款利息

存款利息是指基金资产的银行存款利息收入。这部分收益仅占基金收益很小的比例。开放式基金由于随时准备支付基金持有人的赎回申请，因此必须保留一部分现金存入银行。

6）其他收入

其他收入是指运用基金资产而产生的成本或费用的节约额，如基金因大额交易而从证券商处得到的交易佣金优惠等杂项收入。这部分收入通常数额很小。

## 3.4.2 基金收益的计算方法

认 / 申购基金收益的计算方法为

份额 ＝ 投资金额×（1－认/申购费率）÷认/申购当日净值＋利息
收益 ＝ 赎回当日单位净值×份额×（1－赎回费率）＋红利－投资金额

用此方法可以计算每日自己的盈利数额。

## 3.4.3 基金收益的分配原则

基金收益的分配原则共有 6 项，具体如下所述。

（1）每份基金份额享有同等分配权。

（2）基金当年收益先弥补上一年度亏损后，方可进行当年收益分配。

（3）如果基金投资当期出现亏损，则不进行收益分配。

（4）基金收益分配后基金份额净值不能低于基金面值。

（5）按照《证券投资基金管理公司管理办法》的规定，基金分配应采用现金形式，每年至少一次；基金收益分配比例不得低于基金净收益的 90%。

（6）单个基金账户中不得对同一基金同时选取两种分红方式；红利再投资部分以权益登记日的基金份额净值为计算基准确定再投资份额。

### 3.4.4 基金收益的分配方案

基金收益的分配方案主要包括 5 个方面，如图 3.9 所示。

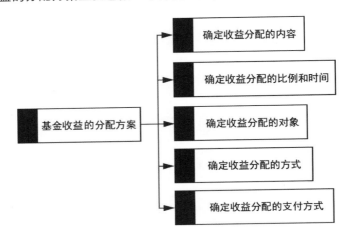

图3.9 基金收益的分配方案

1）确定收益分配的内容

基金分配的客体是净收益，即基金收益扣除按照有关规定应扣除的费用后的余额。这里所说的费用一般包括支付给基金管理公司的管理费、支付给托管人的托管费、支付给注册会计师和律师的费用、基金设立时发生的开办费及其他费用等。

一般而言，基金当年净收益应先弥补上一年亏损后，才可进行当年收益分配；基金投资当年净亏损，则不应进行收益分配。特别需要指出的是，上述收益和费用数据都需经过具备从事证券相关业务资格的会计师事务所和注册会计师审计确认后，方可实施分配。

2）确定收益分配的比例和时间

一般来讲，每只基金的分配比例和时间都各不相同，通常应在不违反国家有关法律、法规的前提下，在基金契约或基金公司章程中事先载明。在分配比例上，美国有关法律规定基金必须将净收益的 95% 分配给投资者。而我国的《证券投资基金管理公司管理办法》则规定，基金收益分配比例不得低于基金净收益的 90%。在分配时间上，基金每年应至少分配收益一次。

3）确定收益分配的对象

无论是封闭式基金还是开放式基金，其收益分配的对象均为在特定时日持有基金单位的投资者。基金管理公司通常需规定获得收益分配权的最后权益登记日，凡在这一天交易结束后列于基金持有人名册上的投资者，方有权享受此次收益分配。

4）确定收益分配的方式

收益分配的方式一般有 3 种，如图 3.10 所示。

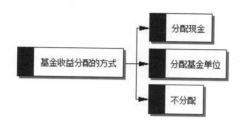

图3.10　基金收益分配的方式

（1）分配现金，这是基金收益分配的最普遍的方式。

（2）分配基金单位，即将应分配的净收益折合为等额的新的基金单位送给投资者，这种分配方式类似于通常所说的"送股"，实际上是增加了基金的资本总额和规模。

（3）不分配，既不送基金单位，也不分配现金，而是将净收益列入本金进行再投资，体现为基金单位净资产值的增加。

5）确定收益分配的支付方式

收益分配的支付方式，关系到投资者如何领取应归属于他们的那部分收益的问题。通常而言，支付现金时，应由托管人通知基金持有人亲自来领取，或汇至持有人的银行账户里；在分配基金单位时，指定的证券公司可将分配的基金单位份额打印在投资者的基金单位持有证明上。

## 3.5　基金投资理财是投资者最好的选择

当前金融投资市场中的投资理财产品有很多，如基金、股票、债券、期货、外汇等，我们普通老百姓应该把钱投到哪里呢？下面来对比一下。

### 3.5.1　期货和外汇

期货和外汇这两种理财产品风险很大，一般投资者不适合参与。现在的外汇交易基本上都是保证金交易，也就是说和期货一样，只要交纳一定的保证金就可以参与数倍金额的金融资产交易，即杠杆交易。

正是杠杆的存在，使交易风险被放大数倍。例如，亏损一个期货的波动幅度为3%，总资产将亏损30%左右。因此，没有专业的操盘知识和研究能力是不可能在这种市场中存活的。

参与期货、外汇以及权证等金融衍生品交易的大多是投机者，他们参与交易并不是以自己资金的保值和增值为目的，所以谨慎的投资者如果想对资产进行投资的话，应该远离这些市场。

## 3.5.2 股票和债券

如果投资者已经制订了长期投资计划，那么就可以选择股票和债券作为投资理财对象，但这需要投资者有足够的金融知识和研究能力。我们选择股票和债券进行长期投资时，应经常与银行储蓄进行比较，当持有债券的利息收入大于银行存款或持有某上市公司的股份红利比银行储蓄有优势时，这时的投资就有价值。

普通投资者很难判断某项投资是否合算，例如，按当年的银行利率计算投资10年期国债是合算的，但可能过两年后，银行利率上涨了，我们发现原来的投资决策是错误的，这是因为我们无法把握整个宏观经济的走势。

长期投资某只股票，投资者可以从市盈率和收益状况来考虑，可是普通老百姓是不可能真正了解上市公司的。今天市盈率很低，盈利状况从表面上看不错，但过一段时间可能会莫名其妙地亏损了，因此个人信息来源的局限性也限制了投资股票的成功。

## 3.5.3 理财产品收益与风险对比

各种理财产品的收益与风险对比如表3.1所示。

表3.1　各种理财产品的收益与风险对比

| 理财产品 | 特色 | 风险报酬比 | 投资目的 | 投资成本 |
|---|---|---|---|---|
| 基金 | 适合老百姓的投资对象，种类多种多样，可以为投资者提供更多的选择 | 中 | 没有专业分析行情的能力和精力，但又希望追求市场增值带来回报 | 交易费、托管费、其他费用，成本较高 |
| 股票 | 流动性强，但风险大，收益也不稳定，与宏观经济及个别公司效益有关，可抵御通货膨胀 | 高 | 追求市场报酬的最大增值 | 买卖时要交一定的手续费和印花税，成本较高 |

续表

| 理财产品 | 特色 | 风险报酬比 | 投资目的 | 投资成本 |
|---|---|---|---|---|
| 债券 | 安全性好，收益率低，流动性强，随时可以买卖 | 较低 | 盈利稳定，但收益不高 | 获利税费及交易手续费 |
| 储蓄 | 流动性好，变现性强，但获利低，受通货膨胀影响较大 | 低 | 通货膨胀低，则利率就低；通货膨胀高，则利率就高 | 交纳利息税 |
| 外汇 | 保证金交易，周一至周五 24 小时随时交易，风险巨大 | 很高 | 利用汇率点位的波动盈利 | 收取交易点差，成本较高 |
| 期货 | 利用财务杠杆和保证金制度，实现以小博大 | 很高 | 可以在短时间内获得高额利润，适合短线交易 | 交易手续费，费用较低 |

## 3.5.4 多样的基金类型可适合不同的投资者

按基金的投资方向来划分，基金可以分为金融衍生品型、股票型、配置型、债券型、货币型、保本型，不同的基金适合不同的投资者。

（1）金融衍生品型基金主要是期货等高风险的金融基金，这种类型的基金收入不确定性很大，有冒险精神的人可以选择投入，不过这类高风险产品投资比例不得超过总资产的 10%。

（2）股票型基金主要可用来投资股票，该类基金注重所投资股票的基本面变化，注重的是长期收益，是目前最常见的基金形式。股票型基金适合能够承受较高风险，并希望获得较高收益的投资者，这种基金要比金融衍生品型基金的风险小得多。

（3）配置型基金主要可用来投资股票、债券和货币等，有些配置型基金的资金投向甚至包括实业投资。这类基金的投资方向没有主次，资金流向具有一定的自主性，基金公司可以根据情况向更有利于投资者的方向改变资金投向。

（4）债券型基金主要可用来投资债券，它适合对资金的安全性要求较高、希望收益比较稳定的投资者。

（5）货币型基金主要可用来投资央行票据、短期债券、债券回购、同业存款和现金。如果投资者特别害怕风险，希望自己的资产可以短期很快变现，可以选择该类型基金。

（6）保本型基金主要可用来投资债券，但它与债券型基金不同的是，它要求在投资本金不受损失的前提下进行一定的股票及其他品种投资。对于本金的安全性有特别要求的投资者可以选择该类型基金。

## 3.6 基金理财的整体思路

投资理财伴随着我们的一生，所以我们需要清晰地知道投资理财的来龙去脉，从整体上把握投资理财的思路。根据投资者在投资基金时经历的不同时期，可以将此过程分为 5 个基本步骤，如图 3.11 所示。

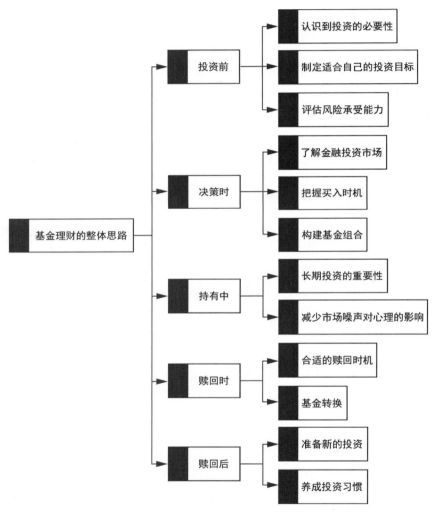

图3.11　基金理财的整体思路

1）投资前

在基金投资前，做好充分的准备是相当重要的。"磨刀不误砍柴工"，在基金投资前做好准备，这样才能在之后的投资中更加顺利愉快。

（1）投资者要认识到投资的必要性。在经济快速发展的今天，通货膨胀是不以人的意志为转移的。因此，我们必须学会理财，这样才能实现资产的保值和增值，否则资产只能不断缩水。

（2）要根据自己的实际情况，制定适合自己的投资目标。无论是养老、子女上大学、购车、买房，还是为了抵御通货膨胀，每个投资者在投资之前都应清晰地认识到这些目标。

（3）要对自己的风险承受能力进行全面的评估，并在此基础上，将此前期望实现的目标与自身的风险承受能力相比较，看看凭借自己的投资能力和风险偏好，是否具备实现该目标的可能，以此确定合理的、可实现的投资目标。

此外，在投资者对自己的投资能力进行评估时，还应了解自己是否适合基金投资的方式。对于基金投资"专家理财"的特征而言，其更适合投资经验不足、生活节奏快、理财时间不足的投资者。

2）决策时

在这里，决策是指投资者在买入基金时所作出的决策。

在投资者决定投资基金后，首先要做的是加深自己对金融投资市场的了解程度。虽然基金投资是"间接投资"，但这并不代表投资者可以对自己的投资不闻不问，因为投资者至少能够决定投资方式、买卖时机、投资额度和时间。这些因素对投资者的收益都具有决定性的作用，所以投资者需要关注金融投资市场。

其次，只有保持了对市场的关注后，才有可能根据经济周期的变化，对市场未来的走势进行预判。虽然无法保证判断的准确程度，但通常情况下，投资者对市场的了解程度越高，对自己的判断越有信心。而投资者只有在对市场未来的走势进行分析和判断后，才有可能寻找出自己认为合理的买入时机。

> 📶 提醒：关注经济和市场变化的趋势是一种宏观的思路。在投资中，投资者应站在宏观的角度进行分析，这样，才能从整体资产配置的角度来管理自己的财富，才能构建出更加适合自己需求的基金投资组合。

基民在构建自己的基金投资组合时，首先要确定自己需要购买哪些类型、哪些风格的基金，并清楚分析各种类型、各种风格基金在基金组合中所占的比重。在此基础上，才能针对某一类型或某一风格基金作出选择。

在选择某只基金时，投资者必须了解基金的业绩、风险、风格、规模、历史、费用、管理人等多方面的信息。上述信息均能对基金未来的收益产生影响，因此应多加重视，在综合考虑这些因素后，才可作出购买决策。

当然，在投资者购买基金时，还不能忽视一些能够帮助自己有效节省交易成本的方式。例如，直接通过基金公司网上直销的方式申购基金；针对同一家基金公司的不同类型的基金产品，投资者可以运用基金转换的技巧来调整基金组合中各类型基金的比例，从而节约交易成本。

3）持有中

持有基金的时期是对投资者心理素质考验最大的时期。很多投资者在投资之前下定决心要进行长期投资，但在持有基金的过程中，慢慢就显示出非理性的苗头。例如，在投资发生亏损时，无论是账面亏损，还是实际亏损，投资者都很难抑制住情绪的波动。

受心理因素的影响，尽管不少投资者也知道长期投资的重要性，但是往往无法坚持下来。当市场震荡下跌时，投资者最容易赎回自己持有的基金。但实际上，此时可能既没有实现自己的投资目标，也没有出现更适合长期投资以保证其基金组合不偏离正确轨道的产品，并且大部分产生赎回念头的投资者其实并不需要现金。

所以，投资者除了掌握基金投资中的一些原则与方法外，还要学会尽量减少市场波动及"市场噪声"对自己心理的影响。

4）赎回时

无论是投资者自身原因，还是基金发生了变化的原因，总有赎回基金落袋为安之时，此时，我们又应注意什么呢？

首先，应根据市场的变化，选择一个合适的时机赎回，这样就可以获得较好的投资回报。

例如，投资者持有某只后端收费的混合型基金已经很长时间了，再过几个月就可以享受免除申购费的优惠。如果此时并未有明显的信息表示市场会在未来几个月出现较大幅度的下跌，那么再持有几个月，获得免除申购费的优惠是最佳选择。

其次，投资者在调整基金组合时，往往会在不同类型与风险的基金之间进行调整，那么此时选择基金转换，就能有效节省成本。

现在国家基金公司都已开通了基金转换业务，但每一家公司可转换的基金产品、费率优惠幅度会有所不同，对于这一点，投资者在投资前要进行详细了解。

5）赎回后

从准备购买到赎回，投资者已经经历了一次完整的基金投资过程。但此时并不意味着投资旅程的终结，与之相反，投资者将面临一个崭新的开端。因为投资理财将伴随我们一生，经济发展的潮流不断向前，资产保值增值的需求永不会消失。

# 第 4 章

## 基金定投选基的方法和技巧

近年来基金市场快速发展，基民在选择基金定投时，有了更多品种的选择，也有了更多操作的空间。然而，品种过多并不是什么好事，"乱花渐欲迷人眼"，基金的发放涉及多个公司，基民需要了解的信息过多，以至于出现了难以抉择的问题。到底该如何选择基金进行定投呢？本章将进行详细讲解。

### 本章主要内容包括下述各点。

◎ 利用基金公司选基的方法和技巧

◎ 利用基金经理选基的方法和技巧

◎ 利用基金净值选基的方法和技巧

◎ 利用基金年报选基的方法和技巧

## 4.1 利用基金公司选基的方法和技巧

投资者深有体会的一点是，现在各种基金营销手段可谓五花八门，令人眼花缭乱，如拆分、大比例分红、手续费打折等。如果这样对基金业绩有利，当然我们都举双手赞成，但这仅仅是一种促销手段，不仅对基金业绩没有帮助，反而可能有害，所以基民在选择基金公司时一定要多加谨慎。

首先基民要弄明白，基金公司是整个基金运作的管理者，向投资者发行基金、寻找托管银行、雇用基金经理以及研发团队等任务，都是由基金公司完成的。所以，一家基金公司的运作能力和管理水平会直接影响到基金的业绩表现，当然也关系到投资者的投资收益。

现在国内的基金公司有160多家，有老牌的基金公司，也有新成立的基金公司；有资金雄厚的大型基金公司，也有操作灵活的中小型基金公司；有中资基金公司，也有外资参股的合资基金公司。面对各种各样的基金公司，我们到底该如何选择呢？

### 4.1.1 多角度考察基金公司的资质

在牛市行情中，每个基金公司都会有几只业绩不错的基金理财产品，基民能够愉快轻松地挣到钱，实现不错的投资收益。但到了熊市行情，不少基金公司因无法提前判断风险或操作失误，很可能导致基金资产出现亏损，甚至出现严重亏损。

因此，投资者在选择基金公司时，首先要对基金公司的资质进行考察，看该公司是否有能力管好一只基金。一般来说，优秀的基金公司具有三个特征，如图4.1所示。

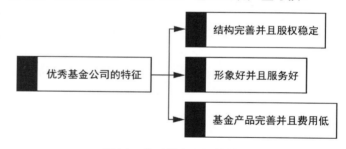

图4.1　优秀基金公司的特征

1）结构完善并且股权稳定

一家优秀的基金公司，应该具有合理的股权结构和规范的治理结构，以保证各股东之间相互制约，不会出现一股独大的现象。另外，基金公司还应该有完善的独立董事制度，以保证独立董事在公司决策时有一定的发言权。

基金公司股东的实力以及大股东对公司管理的重视程度，是基金公司不断发展的坚实基础。我国基金业刚刚起步，基金公司成立时间一般不长，所以各基金公司在发展阶段都离不开公司股东的大力支持和帮助。

一般来说，证券公司参股的基金公司能够获得更多证券人才和资讯方面的支持；银行参股的基金公司则可以获得银行网点的营销支持。

下面利用同花顺软件来查看一下基金公司的基本情况。

打开同花顺软件，然后选择菜单栏中的"行情"|"基金"|"基金首页"命令，在基金首页中，鼠标指针指向"基金公司"，如图 4.2 所示。

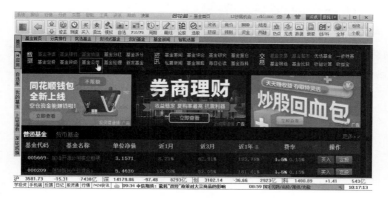

图4.2　基金首页

单击"基金公司"按钮，可以查看基金公司排名信息（按基金公司的资产管理规模从大到小排序），如图 4.3 所示。

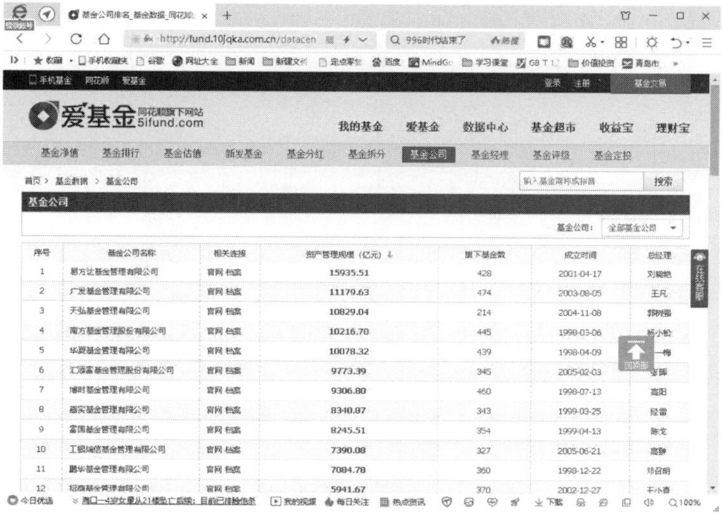

图4.3　基金公司排名信息

在这里可以查看基金公司名称、相关连接、资产管理规模、旗下基金数、成立时间和总经理等。

如果想了解哪家基金公司，只需单击该基金公司的名称即可。在这里单击"工银瑞信基金管理有限公司"按钮，即可查看工银瑞信基金管理有限公司的简介，如图 4.4 所示。

图4.4　工银瑞信基金管理有限公司的简介

在这里还可以查看该基金公司的旗下基金、旗下基金经理、绩效评估、资产配置、行业投资、重仓股票、债券投资、旗下基金共同持仓等明细信息。

向下拖动滚动条，还可查看该基金公司的公司信息，如图4.5所示。

在这里可以查看工银瑞信基金管理有限公司的公司名称、法人代表、注册资金、联系电话、客户邮箱、传真号码、成立日期、总经理、管理规模、邮政编码、网站地址、办公地址等信息。

图4.5　工银瑞信基金管理有限公司的公司信息

当然，投资者还可以到一些专业网站上查看一下对该基金公司的评价，从而较全面地了解该基金公司，做到心中有数。

2）形象好并且服务好

基金公司是为基民管理财产、追求资产保值增值的机构，所以诚信经营、按规则办事，不损害投资者的利益是它们经营的最基本原则。并且在此基础上，基金公司只有为投资者提供良好的服务，赚到较高的投资收益，才能获得基民的肯定，并获得良好的口碑。

所以，我们在选择基金公司时，应重点关注该公司的服务质量和市场形象。另外，我们还应该关注基金公司对旗下基金的管理、运作及相关信息的披露是否及时、准确、全面。

基金公司的市场形象是通过旗下基金的销售业绩表现出来的。市场形象好，则其旗下基金在发行时就会受到投资者的欢迎，发行之后也不会被大量抛售。

投资者可以通过拨打电话或前往基金公司的营销网点来考察基金公司的服务态度。如果我们向基金公司的客服人员提出许多问题，特别是较难回答的问题，客服人员能够耐心地、认真地一一回答，那么就说明他们的服务态度不错。相反，如果客服人员一问三不知，并且态度不好，那么其服务质量就成问题了。

3）基金产品完善并且费用低

基民在选择基金公司时，还应该关注基金公司是否具有相对健全、比较广泛的产品线。产品线完善的基金公司可以为投资者提供更好的基金选择，不同风险喜好的投资者都可以找到适合自己的基金理财产品。

当金融投资市场出现大幅波动时，基民可以通过基金转换的方式，将手中的高风险基金转换为同一基金公司旗下的低风险品种。

投资者可以登录基金公司的网站或通过其宣传资料了解该基金公司的产品线，从而查看其基金产品线是否齐全，是否能覆盖股票型基金、债券型基金、货币市场基金以及指数型基金等主要投资品种。同时，还要注意不同基金产品之间是否能方便转换，转换费用是多少等。

## 4.1.2 基金公司的投资规模

在考察基金公司的状况时，最主要的一个指标是基金公司的资金规模，它决定了基金实力的强弱。此外基金的管理费用取决于基金的规模，丰厚的管理费用才是留住优秀的投资团队的保证。《中华人民共和国证券投资基金法》规定基金管理人的报酬以基金净资产的 1.5% 年费率计提，这就意味着基金规模越大，提取的管理费用就越多。一些管理规模较小的公司，我们很难相信它能留住实力不俗的投资团队。

例如，一家管理 3 亿元资金的公司每年能够收到的管理费用只有 450 万元，扣除公司的各种经营成本留下来的费用很难支持基金经理团队的百万年薪。

所以仅从这一方面考虑，基金公司的规模就可决定公司的发展前景和经营业绩。

但投资者还要注意，并不是说基金的资金规模越大越好，规模过大的基金反而有弊端。"船大掉头难"，大规模基金的建仓和出货都很难，而小规模基金具有调整持仓灵活的优势，所以取得好的成绩也比大规模基金容易一些。

## 4.1.3 基金公司的研发能力

投资者首先要明白，基金公司的研发能力是基金持续盈利的基础，但如何判断一家基金公司的研发能力呢？

如果投资者是一名具有专业知识并且有足够时间的基民，那么可以跟踪关注基金公司公布的研究报告、策略报告等，根据这些报告的内容分析基金公司的研发能力。

如果投资者没有足够的时间，也没有专业的金融知识，那么可以选择下述两种方法。

（1）投资者可以查看基金公司旗下所有基金产品业绩的整体程度，也就是每个基金产品在同类产品中的业绩排名是否相似。如果基金公司旗下的所有基金产品业绩都名列前茅，说明这些基金产品受个别基金经济能力的影响较小，基金公司整体研发能力较强。相反，如果基金公司旗下同类基金产品之间业绩差别大，说明基金在运作过程中没有得到基金公司的太多帮助，即使有少量基金业绩出众，也是受到基金经理个人能力影响的结果。

（2）基金持股的稳定性，这也是判断基金公司整体研发能力的重要指标。基金公司常常在定期报告中向投资者公示基金的持仓结构。如果一家基金公司旗下基金频繁买卖股票，说明这家基金公司并没有明确的投资方向，其研发能力值得怀疑。这种基金的业绩虽然可能在短期内走强，但从长期来看很难走好。

## 4.1.4 国外成熟市场选择基金公司的 "4P" 标准

在国外成熟的金融市场，选择基金和基金公司有个通行而有效的"4P"标准，该标准同样适用于我国投资市场。"4P"标准如图 4.6 所示。

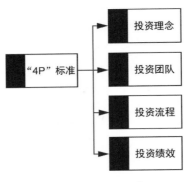

图4.6 "4P"标准

1）投资理念

第一个 P（Philosophy），指投资理念。投资者首先要看基金所属公司的投资理念是否成熟而有效，其次要看自己是否认可这一理念进而认可该基金公司的投资管理模式。

例如，股神巴菲特所管理的投资基金把"价值投资"作为其核心理念，它注重股票的内在价值，不在意股价的日常波动。

"金融大鳄"索罗斯所管理的"量子基金"的投资理念则相反，它更注重价格的波动趋势，认为买卖供求关系确定的股票价格就是最合理的价格。

两种不同的投资理念，都取得了投资的成功，基金最终收益才是硬道理，能够稳定长期获利的投资理念都是优秀的。也许我们不好分辨某个投资理念是对还是错，但只要它能给我们带来稳定的收益，那它就是好的投资理念。

2）投资团队

第二个 P（People），指团队。基金公司投资研究团队专业能力的强弱，是决定基金业绩表现的一个极其重要的因素。

考察基金公司投资研究团队的实力，可以通过查看该团队的组建时间和团队稳定性来实现。一个团队组建时间比较长，人事关系稳定，则这个团队一般是一个成功的团队，他们更容易作出出色的投资业绩。反之，一支比较新的、人员变动较大的团队，他们的投资计划和决策就会经常发生变化，这将影响到公司业绩的稳定性。

3）投资流程

第三个 P（Process），指流程。严密科学的投资流程可以规范基金管理人的投资行为，使基金管理人具备复制优秀基金的能力，其业绩具备长期可持续性。

4）投资绩效

第四个 P（Performance），指绩效。评估基金所属公司旗下基金产品的历史投资绩效，对基金未来业绩进行大致合理的预测，无疑是最简单、最直观的评价方法。但新基金本身也存在许多不确定性，这只能作为一个辅助性因素来参考。

## 4.2 利用基金经理选基的方法和技巧

投资者选择好可靠并且适合自己投资的基金公司后，还需要为自己选择一位优秀的基金经理。投资者在投资某只基金之前，应该清楚谁是这只基金的基金经理，这位基金经理具有什么样的资历。一位好的基金经理，可以让投资者投资的基金业绩更上一层楼，从而让投资者获得更高的收益。

## 4.2.1 基金管理的方式

根据基金经理的个数及分工的不同，基金管理的方式可分为 3 种，如图 4.7 所示。

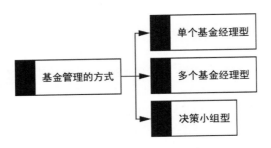

图4.7 基金管理的方式

管理方式不同，基金经理对基金业绩的影响程度也会有所不同，下面来具体讲解一下。

1）单个基金经理型

在单个基金经理型方式下，基金的投资决策是由基金经理独自决定的。该团队的其他成员分别为基金经理提供调研、交易、决策等支持。总之，基金经理是团队绝对的核心。在这种方式下，基金经理的影响力相当强，如图 4.8 所示。

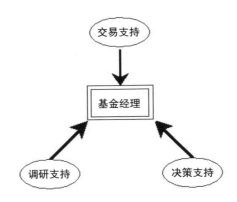

图4.8 单个基金经理型

2）多个基金经理型

每个基金经理单独管理基金的一部分资产，混合型基金多数采用这种管理方式。不同基金经理负责不同的投资品种的投资决策，所以每个基金经理都有一定的影响力，如图 4.9 所示。

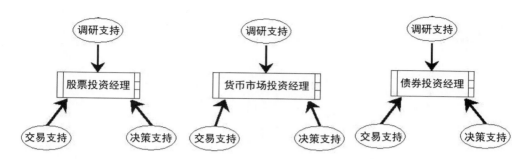

图4.9　多个基金经理型

3）决策小组型

决策小组型是指由两个以上的基金经理共同作出投资决策。在这种方式下，决策小组成员之间的权责没有明确的划分，但有时也会由一个组长来作最终的决定。采用这种管理方式，单个基金经理难以影响整个决策小组的决定，如图 4.10 所示。

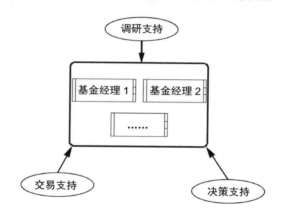

图4.10　决策小组型

无论一只基金有几个基金经理，这些基金经理的权限都会受到基金投资决策委员会的限制，这称为决策委员会领导下的基金经理负责制。例如，在一些基金的管理制度中规定，基金经理可以自行决定 5000 万元以下的投资，但超过这个权限的投资必须得到投资决策委员会的批准。

## 4.2.2 多角度考察基金经理

最优秀的基金经理称为"金牌基金经理"。历史投资收益率是评价一个基金经理是否为优秀基金经理最基础的指标，也是最重要的指标。但真正优秀的基金经理，并不仅仅只是优秀的操盘手，更应该是富有理财理念的经济专家。

在考察基金经理时，可以从 4 个方面入手进行考察，如图 4.11 所示。

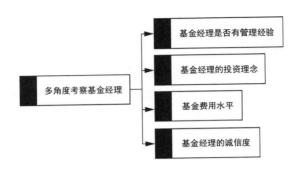

图4.11　多角度考察基金经理

1）基金经理是否有管理经验

选择基金时，既要看基金公司，还要重点关注该基金的基金经理。新基金成立时间短，过去的业绩不可参考，但基金经理的从业历史不会短，这样投资者就可以了解该基金经理以往的管理基金业绩，从而了解其管理水平。投资者一般可以从招募说明书和基金公司的网站上获得基金经理的相关信息。

2）基金经理的投资理念

良好的投资理念是投资成功的一半，这对基金经理来说也不例外。投资者要了解基金经理的投资理念与公司的理念是否相符，投资风格与基金投向是否一致。了解基金经理的投资理念后，就可以大致判断基金的投资方向，从而对其未来的风险和收益有一定的了解。

3）基金费用水平

新基金的管理费用通常要比老基金高，小规模的基金管理费用通常要比大规模的基金管理费用高。在这里要注意，不是基金公司的管理费用越低越好，因为较高的管理费用是留住优秀基金经理的重要保证。能够为投资者带来超额收益的基金经理，其获得高额的薪酬也是应该的。

4）基金经理的诚信度

基金公司需要德才兼备的基金经理，投资者选择基金经理更应如此。投资者要看基金经理是否以广大投资者的利益为重，是否有违规操作的记录。投资者将资金交给基金经理来运作，基金经理就应该为资金的保值和增值负责。曾经有过建"老鼠仓"等违规操作记录的基金经理，即使能力再强，投资者也应该坚决抵制。

> 📶提醒："老鼠仓"是指基金经理或其他投资决策人员在用募集来的公共资金拉升股价之前，先让自己人（机构负责人、操盘手及其亲属、关系户）在低位建仓，待公共资金拉升到高位后，先让自己人卖出获利，这样，最后亏损的是公共资金，损害的是广大投资者的利益。

下面利用同花顺软件来查看一下基金经理的基本情况。

打开同花顺软件，然后选择菜单栏中的"行情"|"基金"|"基金首页"命令，就可进入基金首页，然后单击"基金经理"按钮，即可查看所有当前在职基金经理的信息，如图 4.12 所示。

图4.12 所有当前在职基金经理的信息

在这里可以看到，当前在职基金经理的姓名、任职基金公司、管理基金数量 / 名称、累计任职年限、平均年化收益、性别和学历等信息。

需要注意的是，当前在职基金经理的顺序是按平均年化收益从高到低排列的。在这里可以看到，平均年化收益最高的是贾健，其平均年化收益为 349.97%。

如果投资者想查看某只基金的基金经理信息，可以直接输入该基金代码，如金鹰民族新兴混合基金的代码 001298，然后按回车键，即可查看金鹰民族新兴混合基金（001298）的基本资料信息，如图 4.13 所示。

图4.13 金鹰民族新兴混合基金（001298）的基本资料信息

在这里可以看到，该基金的基金经理为"韩广哲"，基金评级为五颗星，基金规模为 3.95 亿元，成立时间为 2015 年 6 月 2 日，这是一只老基金了。

向下拖动垂直滚动条，即可查看基金经理的任职回报、从业时间、现任基金数量等信息，如图 4.14 所示。

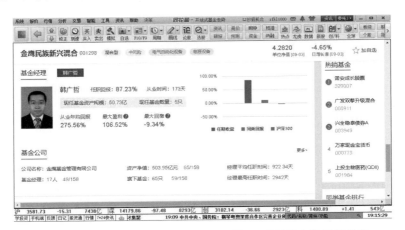

图4.14  基金经理的任职回报、从业时间、现任基金数量等信息

在这里还可以看到，任职回报为 87.23%，远远高于同期的同类回报、沪深 300 投资回报。另外，该基金经理的从业年均回报为 275.56%、最大盈利为 106.52%，表明该基金经理是很优秀的。

单击"基金简介"按钮，再单击"基金经理"按钮，即可查看该基金经理的详细个人简介及所管理的所有基金的年平均收益率信息，如图 4.15 所示。

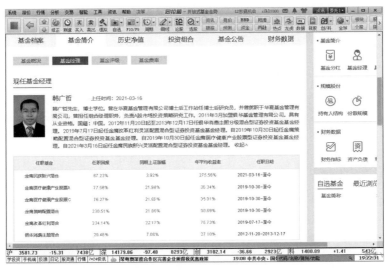

图4.15  基金经理的详细个人简介及所管理的所有基金的年平均收益率信息

### 4.2.3 选择基金经理的一般原则

一个优秀的基金经理会创造良好的经营业绩，从而为投资者带来更多的利润回报。选择基金经理有 3 项原则，如图 4.16 所示。

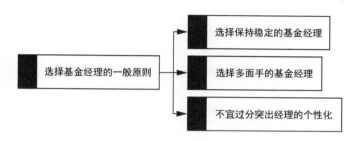

图4.16 选择基金经理的一般原则

1）选择保持稳定的基金经理

只有保持稳定才能更好地发展。市场发展有一定的阶段性，股价变化有一定的周期性，国民经济更有一定的运行规律，不考虑周期性因素、阶段性变化对资产配置品种的影响，基金经理的运作业绩很难保持稳定。所以，选择长期在一家基金公司任职并保持业绩稳定增长的基金经理，是一条非常重要的原则。

2）选择多面手的基金经理

通过经理的履历可以发现，研究型的基金经理相对较多，研究在产品的运作中具有十分重要的作用。实践证明，具有丰富实战经验的基金经理，在运作中胜算更大。所以，基金经理既应该是一位优秀的投资研究员，也应该是一位出色的投资操盘手。

3）不宜过分突出经理的个性化

基金的个性化运作规律应是产品的运作规律，是资产配置组合的运作规律，而不会完全以基金经理的风格来决定，更不是策略的简单复制。注重基金经理的个性和风格非常重要，但是不能完全依赖。一只基金运作的好坏，应是基金经理背后团队的力量，作为基金经理应只是指挥和引导团队运作的带头人。因此，崇拜基金经理个人不如转变为崇拜运作的团队，过分宣扬基金经理的个人人格魅力是不可取的。

### 4.2.4 基金经理变动不一定会影响基金业绩

基金业是一个流动性很强的行业，基金经理随时可能跳槽、辞职。基金经理的每次变动都会引起基民的关注。但是基金经理变动后，基金公司往往只发布简单公告，并不说明变动原因。这让一些基民感到恐慌，因为他们不知道基金经理变动后，会对基金业绩产生怎样的影响，也不知道是否该赎回自己手中的基金。

其实，有一些基金，如纯债券类基金和纯货币市场类基金，它们的基金经理变动对基金业绩的影响十分有限。即使是股票型基金和混合型基金，它们中也有一部分不会受到基金经理变动的太大影响。因此对于基金经理的更换，基民不要太恐慌，可以放心继续持有，更不必急忙赎回。

下述三种基金受基金经理影响不大，具体如下所述。

（1）指数型基金。该类型基金的收益与指数变动息息相关，基金经理人在操作过程中，只需要根据指数的组成结构按比例投资成分股，不用主动分析和选择股票。

（2）一流基金公司旗下的基金。在这种类型的基金公司中，有相当多的优秀基金经理，一个基金经理离开后立即会有其他基金经理填补空缺。

（3）决策小组型基金。在这种管理方式下，一般会采取民主的方式进行决策。所以在这种情况下，基金经理只是小组带头人，其变动对基金业绩的影响也有限。

如果基民手中持有的基金不属于上述三种，那么基民就应该注意观察在基金经理变动后，基金的投资组合和业绩是否也发生了相应的变化。尽管很多基金公司在变更基金经理时，还声明"基金仍会遵循以往的投资策略"，但基民还是应该通过认真观察来证实这种说法，避免不必要的投资风险。

基金经理变动后，可能会出现以下三种变化，分别是持股情况变化、基金规模变化和管理方式变化。

1）持股情况变化

基金的持股情况出现大幅变动时，表示基金的投资策略发生了变化。对于基金持股情况的变动，基民可以从基金公司的公告中了解，也可以利用同花顺软件来查看。

打开同花顺软件，输入基金代码，例如，输入国投瑞银新能源混合 C 基金的代码 007690，然后按回车键，就可以查看该基金的基本资料。

然后单击"基金简介"按钮，再单击"基金经理"按钮，即可查看现任基金经理和历任基金经理的简介，如图 4.17 所示。

图4.17　现任基金经理和历任基金经理的简介

在这里可以看到，上一任基金经理是伍智勇，起始时间为 2019 年 11 月 18 日，截止时间为 2021 年 3 月 31 日，任职天数为 1 年 135 天。现任基金经理为施成。

单击"投资组合"按钮，然后向下拖动垂直滚动条，即可查看该基金持仓变动信息，如图 4.18 所示。

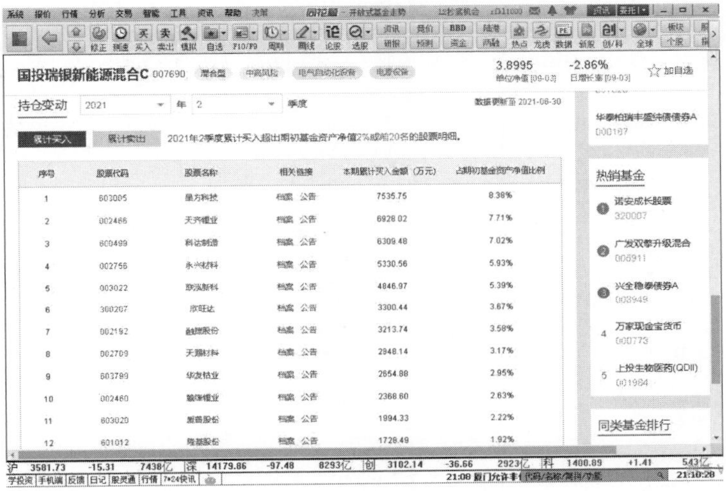

图4.18　基金持仓变动信息

此时，可以看到 2021 年第 2 季度，该基金累计买入的股票代码、股票名称、本期累计买入金额（万元）、占期初基金资产净值比例等信息。

单击"累计卖出"按钮，即可查看该基金累计卖出的股票代码、股票名称、本期累计卖出金额（万元）、占期初基金资产净值比例等信息，如图 4.19 所示。

图4.19　累计卖出股票信息

2）基金规模变化

基金规模的大小会直接影响到基金经理的操作思路。如果基金经理变动时，基金规模大幅改变，基金的投资策略肯定也会改变。

单击"投资组合"按钮，在资产配置中，即可看到 2021 年第 2 季度的净资产为 3.21 亿元，即基金规模为 3.21 亿元，如图 4.20 所示。

图4.20　2021年第2季度的基金规模为3.21亿元

单击"季度"下拉按钮，然后选择"1"，即可看到 2021 年第 1 季度的净资产为 3.54 亿元，即基金规模为 3.54 亿元，如图 4.21 所示。

图4.21　2021年第1季度的基金规模为3.54亿元

3）管理方式变化

如果在基金经理变动的同时，基金的管理方式也发生了重大变化，例如，由多个经理共同管理变成单个经理独自管理，那么基金的投资策略也可能会相应地进行调整。

## 4.3　利用基金净值选基的方法和技巧

很多投资者认为，基金净值越低，就越便宜，以后上涨空间就越大，即净值越低买起来越实惠。这是绝对不正确的，买基金和买东西一样，绝对是"一分价钱一分货"。

另外，还有不少投资者担心，持有的基金的净值会不会一夜之间大幅下跌呢？这里需要说明一下，基金净值与股票价格不是一个概念，否则就会进入投资的盲区。

### 4.3.1　初识基金净值

基金净值又称基金单位净值，即每份基金单位的净资产价值，等于基金的总资产减去总负债后的余额再除以基金全部发行的单位份额总数。

基金净值的计算公式为

$$基金净值 = （总资产 - 总负债） \div 基金份额总数$$

其中，总资产是指基金拥有的所有资产，包括股票、债券、银行存款和其他有价证券等；总负债是指基金运作及融资时所形成的负债，包括应付给他人的各项费用、应付资金利息等；基金份额总数是指当时发行在外的基金单位的总量。

基金资产的估值是计算基金净值的关键。基金所拥有的股票、债券等资产的市场价格是变动的，所以必须于每个交易日对基金净值重新计算。

开放式基金每个交易日都会公告单位净值，净值是其计价基础，即申购和赎回价格取决于当日的单位净值。

> 📶 提醒：基金和股票的价格公布频率是不同的。由于投资者的买进卖出，股票价格时刻都在变动，而开放式基金却是每个交易日公布一次价格。

打开同花顺软件，然后选择菜单栏中的"行情"|"基金"|"基金首页"命令，就可进入基金首页，此时，即可查看基金的单位净值，如图 4.22 所示。

图4.22　基金的单位净值

如果想查看某基金的单位净值详细信息，只需单击该基金的名称即可。在这里单击信诚新兴产业混合 A 基金（000209），即可查看当前该基金的单位净值和累计净值，如图 4.23 所示。

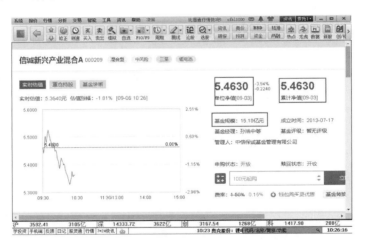

图4.23　基金的单位净值和累计净值

累计单位净值是指基金成立以来为每个基金单位创造的总价值。因为在基金分红时会将一部分盈利分配给投资者，这时基金净值会相应减少，但累计单位净值并不会因为分红而减少。

因此，累计单位净值可以比较直观和全面地反映基金在运作期间的历史表现，结合基金的运作时间，则可以更准确地体现基金的真实业绩水平。

在这里要明白，基金规模＝总资产－总负债。

单击"财务数据"按钮，再单击"资产负债表"按钮，即可查看总资产（资产总额）和总负债（负债总额），如图 4.24 所示。

基金规模=总资产 — 总负债 = 15.37 — 0.19 = 15.18亿元。

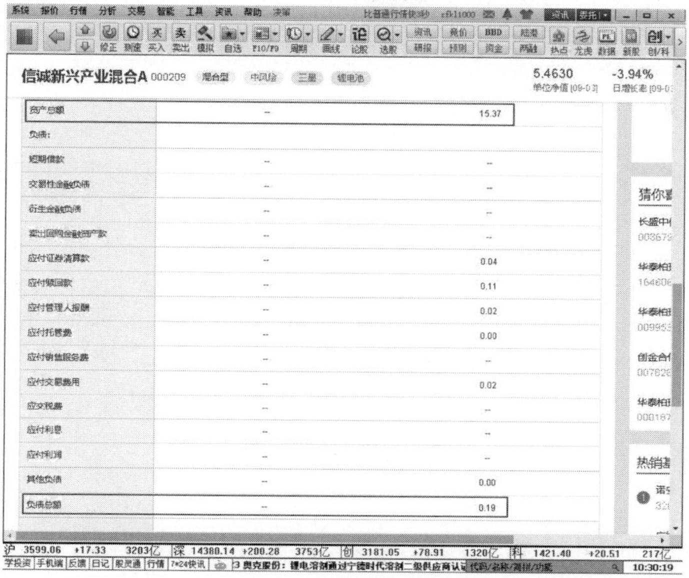

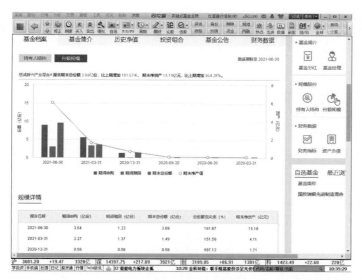

图4.24　总资产（资产总额）和总负债（负债总额）

单击"份额规模"按钮，即可查看近年来该基金期间申购、期间赎回、期末总份额和期末净产值图表信息，如图 4.25 所示。

图4.25　近年来基金期间申购、期间赎回、期末总份额和期末净产值图表信息

在这里可以看到，近年来该基金期间申购、期间赎回、期末总份额和期末净产

值都在快速增长，表明该基金相当活跃。

另外，还可以看到该基金规模详情，即查看最近时间申购、赎回、期末总份额、总份额变动率、期末净产值具体值。

单击"基金档案"按钮，再单击"净值走势"按钮，最后单击"近 3 年"按钮，即可查看该基金近 3 年累计净值的走势图，如图 4.26 所示。

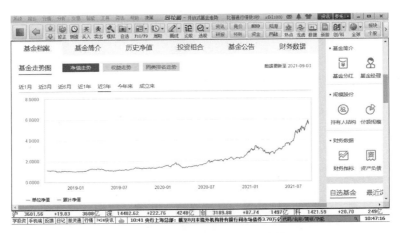

图4.26　基金近3年累计净值的走势图

### 4.3.2 基金净值与股价

基金净值与股价都代表单位份额的价格，计算方法是一样的，即总资产 = 份额数 × 单位份额价格。

虽然基金净值和股价都是代表单位份额的价格，但是，股价会受到供求关系影响，而一只基金的吸引力却与它的单位净值没有关系。

上市公司总股数是一定的，如果出现大量的买盘，则股价就会上涨；反之，出现大量卖盘时，股价就会下跌。影响投资者买入或卖出股票的因素有很多，例如，财务报表显示强劲或微弱的盈利。

基金的单位净值不受投资者购买或赎回的直接影响。当资金注入时，基金总份额增加；投资者赎回时，基金公司付给投资者现金，不管是动用手头的现金还是卖出股票获得现金，这只会导致基金总份额减少，并不影响基金的单位净值。

基金单位净值的变动主要取决于投资组合的证券价格变动。

### 4.3.3 基金净值与投资价值

不少投资者认为，基金净值上涨到一定程度就会下跌，失去投资价值；下跌到一定程度就会上涨，显示投资价值。这是一个明显的投资误区，基金的投资价值和基金净值之间并没有这种反向变动关系。

投资者在买卖股票的过程中，会出现超买和超卖的现象。也就是说，在股价下跌的过程中，卖出力量达到极限会逐渐衰弱，股价会逐步反弹；而在股价上涨的过程中，买入力量达到极限也会衰弱，股价会逐步下跌。

在股市中，这种分析方法比较有效，但如果将这种思路用在基金操作的过程中，投资者是很难取得预期效果的。

基金净值与基金的投资价值没有"物极必反"效应。相反，如果一只基金的基金净值很高，表示这只基金的管理能力出众，这样的基金更具有投资价值。

基金净值的上涨是以基金投资收益为基础的，不会出现上涨到一定程度就缺乏上涨动力的问题。因此，投资者在投资时，不应该过分去追求净值很低的基金。

## 4.3.4 基金净值与管理能力

基金管理人的运作能力会决定基金净值的变化，基民可以通过基金净值的走势来判断基金管理人的能力。

在判断一个基金管理人的能力时，基民必须参考基金净值在相当长一段时间内的变动趋势。如果基民只是参照了一年甚至更短时间内的基金净值变动趋势，在这段时间内基金净值的变动可能会受到很多因素影响，并不能说明基金管理人的管理能力。

例如，基金经理 X 擅长运作投资金融地产行业股票，而基金经理 Y 擅长运作投资医药行业股票。在过去一年中，因为地产股大幅上涨，X 经理的业绩要强于 Y 经理。但基民不能因此就认为 X 经理的管理能力强于 Y 经理。如果医药类股票普遍上涨，Y 经理同样能取得不错的收益。

投资者要想客观地比较 X 经理和 Y 经理两人的运作管理能力，必须参考两只基金在相当长一段时间内的净值变化。

## 4.3.5 基金净值的应用技巧

基金净值仅仅是每个基金单位所代表的价值，而与投资组合价值无关，所以它不能作为衡量基金是否有投资价值的标准。下面来举例说明。

新基民小王，看到两只基金，其中 A 基金 1.6 元 1 份，而 B 基金才 1 元 1 份，并且 B 基金的手续费比 A 基金低。

小王认为买 B 基金好，你认为呢？

A 基金之所以卖得贵，是因为它已经运作一年多了，该基金买的股票都涨了不少，原来 1 元钱，现在已经变成了 1.6 元。

而 B 基金呢？是刚发行的基金，还没有进行投资，所以现在 1 元 1 份。

到底该买哪只基金呢？A 基金由于运作良好，基金净值从 1 元增加到 1.6 元，这说明该基金公司团队研发能力强，基金经理运作得当，是一只不错的基金，值得购买。

B 基金由于是新发基金，不能仅仅从净值上看，因为所有新发基金的净值都为 1 元，重点要看其所在的基金公司如何，其基金经理的运作水平如何。

所以，一般情况下应该选 A 基金，而不是 B 基金。

可小王错误地认为，基金净值越低，上涨空间越大，并且同样用 1 万元去投资，可以买 B 基金为 1 万份，而买 B 基金仅 6250 份。

其实，基金净值与股价不是完全相同的，在前文已有讲解，这里不再重复。至于 1 万份和 6250 份的问题，不管份数是多少，折合成基金经理拿去帮你投资的钱，都是 1 万元。

> **提醒**：有些老基金公司，为了规避投资者的"高位恐惧"心理，常常利用分红除权来降低基金净值。例如，A基金对持有人每10份基金单位分红6元，这样除权后，基金净值就低了。

虽然投资者不能利用基金净值的高低来选择基金，但可以把累计净值作为选择基金的一个重要指标。这是因为累计净值是当前基金净值加上其历史所有分红，所以累计净值越高，表示基金的盈利能力越强，越值得购买。

另外，投资者还可以利用基金净值增长率来评估基金在某一时间段内的业绩表现，因为基金净值增长率是指基金在某一时间段内资产净值的增长率，其值越大，表示净利润越高，投资回报越大。

## 4.4 利用基金年报选基的方法和技巧

基金年报回顾了基金过往一年的浮沉跌宕，展现了基金的投资组合，核算了基金的财务状况。通过阅读年报，投资者可以分析基金的盈利情况，找到业绩良好并符合自己的基金，所以基金年报对投资者来说是相当重要的，但很多基民在操作时总感觉对基金品种了解不够多，无法从容作出决策。这主要是因为基民无法准确捕捉基金年报中的有效信息，获取最具价值的内容。

虽然基金年报十分重要，但面对好几十页的资料和众多专业术语，很多基民都会感到无从下手。其实，对于时间、精力和专业知识缺乏的投资者来说，只要能掌握 6 种技巧，就可以轻松阅读年报，找出业绩优秀并适合自己的基金，如图 4.27 所示。

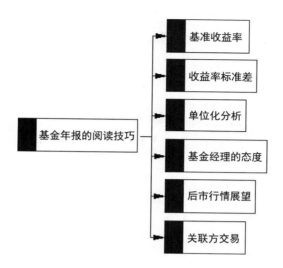

图4.27　基金年报的阅读技巧

## 4.4.1 基准收益率

投资者在衡量基金净值增长率的高低时，需要将实际增长率与业绩比较基准加以比较。这个"业绩比较基准"可以在基金的基本资料中查找。

许多基金公司在年报中喜欢将基金净值增长率与一些没有可比性的指数相比较，这种现象在 2015 年大盘大幅下跌的行情中特别突出。例如，某只混合型基金在 2015 年的亏损幅度达到 40%，基金公司却一直强调自己的表现好于大盘指数 48% 的跌幅。

我们知道，混合型基金的资产只有一部分投资股票市场，另外还有大量资产投资无风险的债券和货币市场工具。因此，在 2015 年股市全面下跌的行情中，混合型基金的跌幅小于大盘指数是十分正常的。而且在大盘上涨过程中，这类基金的上涨幅度也会弱于大盘。因此，在熊市行情中，混合型基金强调自己的业绩优于大盘有一定误导基民的嫌疑。

基民在衡量基金净值增长率时，应该参考的指标是"业绩比较基准"。每只基金都有自己的"业绩比较基准"，这可以认为是基金公司给自己设定的投资目标。

假设上面那只基金的业绩比较基准由 70% 的沪深 300 指数、25% 的上证国债指数和 5% 存款利率组成。按此计算出来的这只基金 2015 年基准收益率为亏损 35% 左右，而实际上基金的亏损幅度（40%）已经超过了基准收益率。所以这样的基金公司不仅管理能力差，还掩饰自己的失误，因此基民在投资时一定要谨慎。

再例如，另一只基金同样在 2015 年亏损了 40%，但这是一只纯股票型基金。业绩比较基准为 95% 的沪深 300 指数和 5% 的存款利率。按这样计算下来的业绩比较基准为亏损 46% 左右，基金收益率略微跑赢了自己的业绩比较基准。基金虽然在熊市中大幅亏损，可是一旦回到牛市中，基金公司就很有可能为基民挽回这部分损失。

通过上述例子的对比，我们可以看出，阅读基金年度报告时一定不能被基金公司误导，把基金业绩与大盘指数比较。业绩比较基准才是考察基金真正盈利能力的指标。

下面利用同花顺软件来查看信诚新兴产业混合 A 基金（000209）的基准收益率。

输入信诚新兴产业混合 A 基金的代码 000209，然后按回车键，就可查看该基金的基本资料。然后单击“基金公告”按钮，再单击“业绩报告”按钮，即可查看年度报告，如图 4.28 所示。

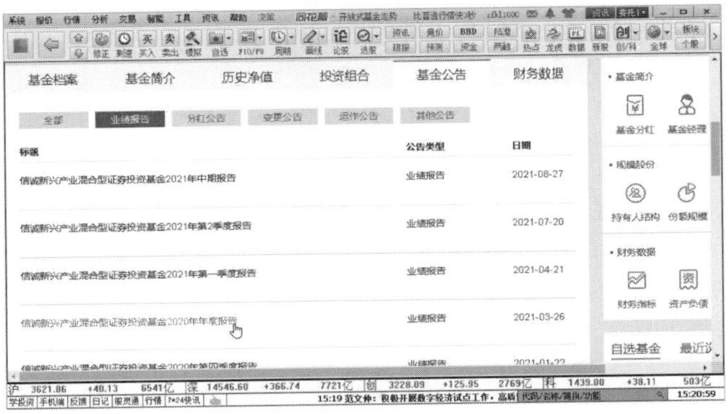


图4.28　年度报告

单击“信诚新兴产业混合型证券投资基金 2020 年年度报告”超链接，即可打开信诚新兴产业混合型证券投资基金 2020 年年度报告，然后向下拖动垂直滚动条，即可查看该基金的份额净值增长率和业绩比较基准收益率信息，如图 4.29 所示。

| 阶段 | 份额净值增长率① | 份额净值增长率标准差② | 业绩比较基准收益率③ | 业绩比较基准收益率标准差④ | ①－③ | ②－④ |
|---|---|---|---|---|---|---|
| 过去三个月 | 35.63% | 2.08% | 12.44% | 1.02% | 23.19% | 1.06% |
| 过去六个月 | 65.88% | 2.08% | 20.41% | 1.28% | 45.47% | 0.80% |
| 过去一年 | 102.88% | 2.16% | 37.56% | 1.39% | 65.32% | 0.77% |
| 过去三年 | 100.35% | 1.72% | 32.84% | 1.25% | 67.51% | 0.47% |
| 过去五年 | 25.84% | 1.67% | 24.15% | 1.19% | 1.69% | 0.48% |
| 自基金合同生效起至今 | 189.30% | 1.89% | 114.24% | 1.36% | 75.06% | 0.53% |

3.2.2 自基金合同生效/自基金转型以来基金份额累计净值增长率变动及其与同期业绩比较基准收益率变动的比较



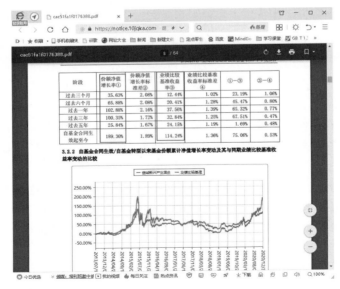

图4.29　基金的份额净值增长率和业绩比较基准收益率信息

在这里可以看到，最近几年该基金的份额净值增长率，都远远大于业绩比较基准收益率。

## 4.4.2 收益率标准差

一只基金每月基金净值增长率的标准差，可以作为基民衡量基金净值波动幅度的指标。净值增长率反映的是基金盈利能力，而收益率标准差反映的是这种盈利能力的稳定性。如图 4.30 所示，可以看到信诚新兴产业混合 A 基金（000209）的份额净值增长率标准差和业绩比较基准收益率标准差信息。

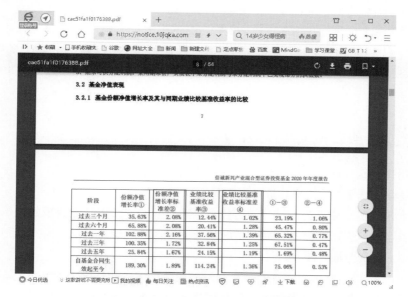

图4.30　基金的份额净值增长率标准差和业绩比较基准收益率标准差信息

通过相似基金之间的标准差对比，基民能够很容易地比较各基金的稳定性。标准差越低，代表基金净值的波动越小，基金表现越稳定。相反，标准差越高，说明基金净值的波动越大。如果一只基金净值的波动幅度明显高于其他基金品种，基民就应该认真分析造成这种波动的原因，究竟是基金经理个人能力的差异、基金投资策略的差异，还是其他方面的原因。

基金的高收益率和低标准差代表两个不同的投资方向。追求高收益的基金需要偏重于高收益、高风险的投资品种；追求低标准差的基金则需要寻找收益稳定的投资品种。在金融投资市场中，很难有基金可以做到两全其美。基民到底是追求高收益率，还是追求低标准差，需要根据自己的投资目的来定。

### 4.4.3 单位化分析

因为基金的资产规模十分庞大，基民很难对巨大的数字产生具体的认识，因而看不清基金公司的实际经营状况。基民在分析基金业绩时，可以将各种财务资料或会计项目的数字换算成单位数字。利用单位数字，基民就可以直观地看出基金公司的营运状况。

例如，某基金共有 2 亿基金单位，在年报中显示上年度总投资收益是 16800 万元。基民对 2 亿元和 168000 万元这样的天文数字很难有具体的概念，但如果换算成每基金单位投资收益 0.84 元，基民看起来就十分直观了。

把基金收益换算为每基金单位收益，除了能方便地判断基金的盈利情况，还可以在不同的基金品种间作横向比较。例如，某基金上年度盈利为 9680 万元，看起来比上面例子的 16800 万元少，但如果这只基金只有 1 亿基金单位，那每单位就有 0.968 元的收益。如果这两只基金每单位净值大致相同，则二者盈利能力高低马上就能分辨出来。

### 4.4.4 基金经理的态度

利用基金经理对过去一段时间内的投资策略和业绩表现的说明，一般投资者可以看出基金经理是否真的对投资者负责。

基金是投资者委托基金经理进行投资的理财品种，所以基金经理的操作直接决定了投资者的收益。如果基金经理的态度有问题，基民就应该认真考虑是不是可以放心地把资金交给他管理。

例如，在 2015 年大盘暴跌行情中，所有股票型基金和偏股型的混合型基金均出现了大幅亏损，这是不可避免的。但是同样面对亏损，不同的基金经理的表现也不相同。一些负责的基金经理能够抱着对投资者负责的态度，在年报中认真总结过去一年的运作失误，从中吸取教训，这样的基金经理可以原谅。但也有少数基金经理总是拿金融危机说事，赔钱了还强调自己决策是正确的，这样的基金经理就不可原谅了。

信诚新兴产业混合 A 基金（000209）的基金经理对投资策略和业绩表现的说明，如图 4.31 所示。

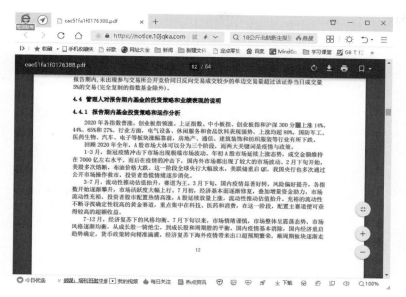

图4.31　基金经理对投资策略和业绩表现的说明

## 4.4.5 后市行情展望

基金经理在基金年报中会对宏观经济、证券市场和各行业走势进行展望。基民可以从中看到基金经理对于经济和股市的判断，了解基金经理在未来一年的投资思路。

在相同的投资环境下，不同的基金经理会从不同的角度出发对行情作出判断，虽然他们看问题的方法都有道理，但对后市的判断可能出现分歧。有的基金经理看涨，有的基金经理看跌；有的基金经理看好大盘蓝筹股，有的基金经理看好小盘成长股。投资者可以在众多基金经理中找到适合自己的基金经理，然后把资金交给他，让他帮你去打理。

有的基民可能对宏观经济理解得不多，没有自己明确的看法。这样的基民可以翻阅基金过去几年的报告，看看基金经理在过去几年里有几次正确推算行情，看准了强势板块。用这样的方法，没有什么专业知识的基民也能轻易判断出基金经理的能力，最后决定把自己的资金交给哪位基金经理。

信诚新兴产业混合 A 基金（000209）的基金经理对宏观经济、证券市场及行业走势的简要展望，如图 4.32 所示。

图4.32　基金经理对宏观经济、证券市场及行业走势的简要展望

## 4.4.6　关联方交易

关联方主要包括基金公司股东、股东关联企业和基金公司员工等。这些关联方买卖基金的情况，都会被基金公司以公告形式发布。

与一般投资者相比，关联方可以获得更多的内幕信息，从而有针对性地选择基金公司内的龙头基金品种投资。在出现风险时，关联方还能先知先觉，提前赎回基金。一般投资者如果关注基金公司关联方的交易信息，捕捉到关联方的操作思路，就可以跟随它们操作，弥补自己在消息方面的不足。

例如，基金公司为了培养自己的金牌产品，会将最好的基金经理、最优秀的调研团队重点配置在少数基金上。这些被"优待"的基金就是基金公司的龙头品种，一般投资者无法知道，但基金公司的关联方却了解这些信息。关联方选择买入的基金品种都有出众的实力。只要关注基金关联方交易情况，就可以知道哪只基金是真正的龙头基金，从而更有针对性地买入。

除了基金年报外，投资者还可以查看年中报和季报。

1）年中报

根据规定，基金管理人要在每年上半年结束后的 60 个工作日内发布年中报。因此每年 8 月都是基金年中报的集中发布期。

年中报是基金公司对上半年基金运作的回顾和总结，其内容、用途与基金年报类似。

2）季报

基金公司会在每个季度结束后的 15 个工作日内发布季报，公告时间都集中在每年 1 月、4 月、7 月、10 月的中上旬。

在季度报告中，基金公司公告的内容少于年报和年中报，仅对基金在 3 个月内的运作状况进行简要汇报。

输入信诚新兴产业混合 A 基金的代码 000209，然后按回车键，就可看到该基金的基本资料。然后单击"基金公告"按钮，再单击"业绩报告"按钮，即可查看年中期报告和季度报告，如图 4.33 所示。

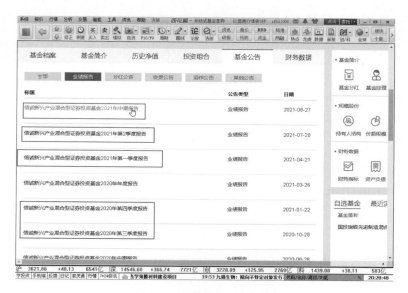

图4.33　中期报告和季度报告

单击"信诚新兴产业混合型证券投资基金 2021 年中期报告"超链接，即可查看信诚新兴产业混合 A 基金（000209）的 2021 年中期报告信息，如图 4.34 所示。

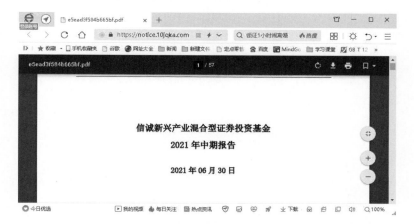

图4.34　信诚新兴产业混合A基金（000209）的2021年中期报告信息

单击"信诚新兴产业混合型证券投资基金2020年第三季度报告"超链接，即可查看信诚新兴产业混合A基金（000209）的2020年第三季度报告信息，如图4.35所示。

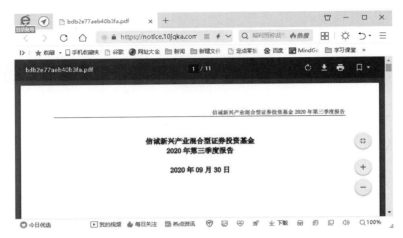

图4.35　信诚新兴产业混合A基金（000209）的2020年第三季度报告信息

# 第 5 章

## 股票型基金定投的技巧

股票型基金买卖方便，流动性好，投资范围广泛，产品更加多元化。所以，股票型基金虽然风险大，但收益丰厚，深受激进型投资者的喜爱。本章将对股票型基金定投的技巧进行讲解。

**本章主要内容包括下述各点。**

◎ 股票型基金的定义

◎ 优先股基金和普通股基金

◎ 一般普通股基金和专门化基金

◎ 价值型基金、成长型基金和平衡型基金

◎ 股票型基金的特点

◎ 股票型基金定投信息的整体查看方法

◎ 股票型基金定投信息的排序

◎ 股票型基金定投的手续费、档案和基金吧

◎ 股票型基金定投的详细信息

◎ 选择股票型基金的方法

◎ 股票型基金定投实战

◎ 股票型基金定投的注意事项

# 5.1 初识股票型基金

要定投股票型基金，就要了解一下股票型基金的定义及该类基金的分类及特点。

## 5.1.1 股票型基金的定义

基金资产的 80% 以上投资于股票的基金即股票型基金。股票型基金是最主要的基金品种，以股票作为投资对象，包括优先股票和普通股票。股票型基金的主要功能是将普通投资者的小额资金集中起来，投资于不同的股票组合。

购买股票型基金，相当于让基金经理帮你炒股，也存在亏损的风险。但相对其他类型基金，股票型基金的收益空间最大，收益翻倍也不无可能。

通过专家管理和组合多样化投资，股票型基金能够在一定程度上分散风险，但股票型基金的风险在所有基金产品中仍是最高的，适合风险承受能力较高的投资者。

## 5.1.2 优先股基金和普通股基金

股票型基金可以按照股票种类的不同分为两种，分别是优先股基金和普通股基金。

1）优先股基金

优先股基金是一种可以获得稳定收益、风险较小的股票型基金，其投资对象以各上市公司发行的优先股为主，收益主要来自股息收入。

首先是累积优先股和非累积优先股。累积优先股是指在某个营业年度内，如果公司所获的盈利不足以分派规定的股利，累积优先股的股东对往年未给付的股息，有权要求如数补给。对于非累积优先股，虽然对公司当年所获得的利润有优先于普通股获得分派股息的权利，但如该年公司所获得的盈利不足以按规定的股利分配时，非累积优先股的股东不能要求公司在以后年度中予以补发。一般来讲，对投资者来说，累积优先股比非累积优先股具有更大的优越性。

其次是参与优先股与非参与优先股。当上市公司利润增大，除享受既定比率的股息外，还可以与普通股共同参与利润分配的优先股，称为"参与优先股"。除了既定股息外，不再参与利润分配的优先股，称为"非参与优先股"。一般来讲，参与优先股较非参与优先股对投资者更为有利。

再次是可转换优先股与不可转换优先股。可转换优先股是指允许优先股持有人在特定条件下把优先股转换成为一定数额的普通股。否则，就是不可转换优先股。可转换优先股是日益流行的一种优先股。

最后是可收回优先股与不可收回优先股。可收回优先股是指允许发行该类股票的公司，按原来的价格再加上若干补偿金将已发行的优先股收回。当该公司认为能够以较低股利的股票来代替已发行的优先股时，就往往行使这种权利。反之，就是不可收回优先股。

2）普通股基金

普通股基金是采用最广泛的一种基金形式，基金的大部分资金都投资于普通股票，只有一小部分资金投资于短期政府债券或商业票据，以增强流动性或增加投资的选择时机。普通股的投资目标注重于追求资本利得和长期资本增值，由于普通股本身价格波动的幅度较大，选择普通股基金存在着损失本金的风险。

## 5.1.3 一般普通股基金和专门化基金

按基金投资分散化程度区分，可将股票型基金分为两种，分别是一般普通股基金和专门化基金。

一般普通股基金是指将基金资产分散投资于各类普通股票。专门化基金是指将基金资产投资于某些特殊行业股票，如新能源类股票、中药类股票。

## 5.1.4 价值型基金、成长型基金和平衡型基金

从基金的投资策略角度来分，股票型基金可分为 3 种，分别是价值型基金、成长型基金和平衡型基金。

1）价值型基金

价值型基金是指以追求稳定的经常性收入为基本目标的基金，其投资策略是低买高卖，因此价值型投资的第一步就是寻找价格低廉的股票。基金公司在衡量股价是否低廉时常用两种方式，一种是用模型计算出股票的内在价值，从而采用贴现净现金流量的方法，如果股票的市场价值比内在价值低，则为值得买入的低价股；另一种是根据市盈率、市净率等指标，与该股票的历史水平或行业平均水平进行比较。虽然市场上存在各种各样的低价股，但一般情况下仅投资于那些股价预期会上升的公司。

价值型基金多投资于公用事业、金融、工业原材料等较稳定的行业，而较少投资于市盈率倍数较高的股票，如网络科技、生物制药类的公司。价值型基金持有的股票中，大部分都是稳定行业的公司，但有时也会根据市场的实际情况选择一部分价格适宜的高科技企业。对普通投资者来说，可以通过基金的招募说明书或年报了解其投资策略以及行业偏好。

2）成长型基金

成长型基金是以资本长期增值为投资目标的基金，多投资于处于产业成长期的公司，选择指标包括收入、净利润、现金流等。成长型基金在选择股票的时候对股票的价格考虑较少，而更青睐投资于具有成长潜力的公司，如网络科技、生物制药和新能源材料类公司。

3）平衡型基金

平衡型基金，顾名思义就是处于价值型和成长型之间的基金，在投资策略上一部分投资于股价被低估的股票，一部分投资于处于成长型行业上市公司的股票。

上述三种类型的基金，价值型基金的风险最小，但收益也往往最低；成长型基金的风险最大，收益也最高；平衡型基金的风险和收益介于两者之间。

对广大投资者来说，如果愿意承受较大的风险，那么可以投资成长型基金，如果只能承受较小的风险则可以投资价值型基金，而平衡型基金适合大多数投资者。此外，还有一种方式就是投资者可以将一部分资金投资于成长型基金，另一部分资金投资于稳定性基金，同样可以达到分散风险的目的。

## 5.1.5 股票型基金的特点

股票型基金有 5 个特点，如图 5.1 所示。

1）多样性

与其他基金相比，股票型基金的投资对象具有多样性，投资目的也具有多样性。

2）分散风险并且费用较低

与投资者直接投资于股票市场相比，股票型基金具有分散风险、费用较低等特点。对一般投资者来讲，个人资金毕竟是有限的，难以通过分散投资种类而降低投资风险。但若投资于股票型基金，投资者不仅可以分享各类股票的收益，而且可以将风险分散于各类股票，大大降低了投资风险。另外，投资者投资于股票型基金，还可以享受基金大额投资在成本上的相对优势，降低投资成本，提高投资效益，获得规模效益的好处。

3）流动性强并且变现性高

从资产流动性来看，股票型基金具有流动性强、变现性高的特点。股票型基金

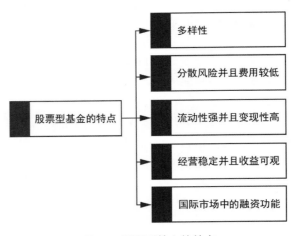

图5.1　股票型基金的特点

的投资对象是流动性较好的股票，基金资产质量高、变现比较容易。

4）经营稳定并且收益可观

对投资者来说，股票型基金经营稳定、收益可观。一般来说，股票型基金的风险比股票投资的风险低，因而收益较稳定。另外，封闭式股票基金上市后，投资者还可以通过在交易所交易获得买卖差价，并于基金期满后，享有分配剩余资产的权利。

5）国际市场中的融资功能

股票型基金还具有在国际市场中融资的功能和特点。就股票市场而言，其资金的国际化程度较外汇市场和债券市场低。一般来说，各国的股票基本上在本国市场上交易，股票投资者也只能投资于本国上市的股票或在当地上市的少数外国公司的股票。但近年来，股票型基金则突破了这一限制，投资者可以通过购买股票型基金，投资于其他国家或地区的股票市场，从而对证券市场的国际化具有积极的推动作用。

## 5.2　股票型基金定投信息的查看方法

下面利用天天基金网来查看股票型基金定投信息。

### 5.2.1　股票型基金定投信息的整体查看方法

在浏览器的地址栏中输入"https://www.1234567.com.cn"，然后按回车键，即可进入"天天基金网"首页，如图 5.2 所示。

图5.2　"天天基金网"首页

单击导航栏中的"定投排行"按钮，即可查看所有定投基金的收益排行信息。注意这里是按近 1 年定投收益从高到低排序的，如图 5.3 所示。

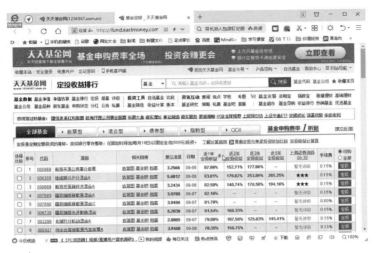

图5.3　所有定投基金的收益排行信息

单击"股票型"按钮，即可查看股票型基金定投收益信息。注意这里是按基金单位净值从高到低排序的，如图 5.4 所示。

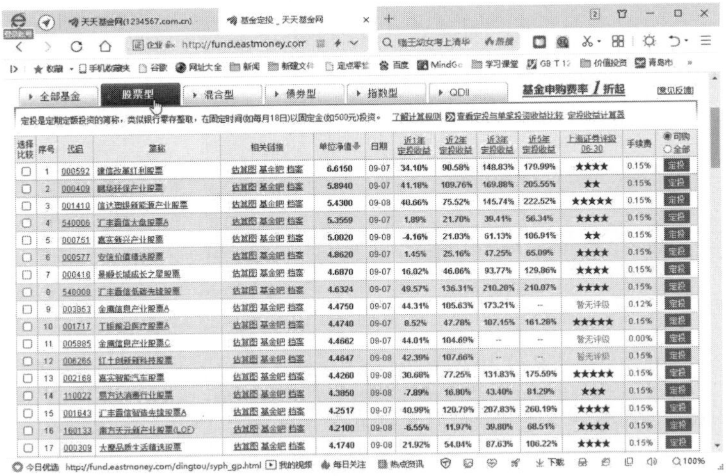

图5.4　股票型基金定投收益信息

在这里可以看到定投股票型基金的代码、简称、单位净值、日期、近 1 年定投收益、近 2 年定投收益、近 3 年定投收益、近 5 年定投收益、上海证券评级、手续费等信息。

在默认状态下，可以查看所有"可购"的定投股票型基金信息。如果选择"全部"，即可查看全部定投股票型基金信息，如图 5.5 所示。

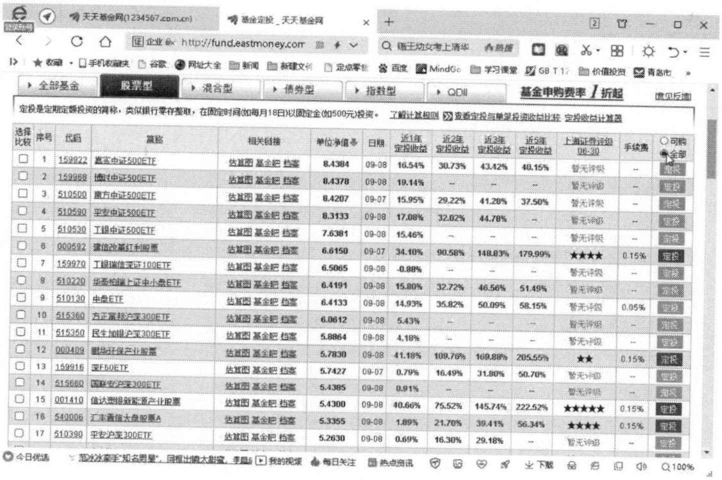

图5.5　全部定投股票型基金信息

## 5.2.2　股票型基金定投信息的排序

股票型基金定投信息默认是按单位净值从高到低排序的。单击"近 1 年定投收益"按钮，即可按近 1 年定投收益从高到低对股票型基金定投信息进行排序，如图 5.6 所示。

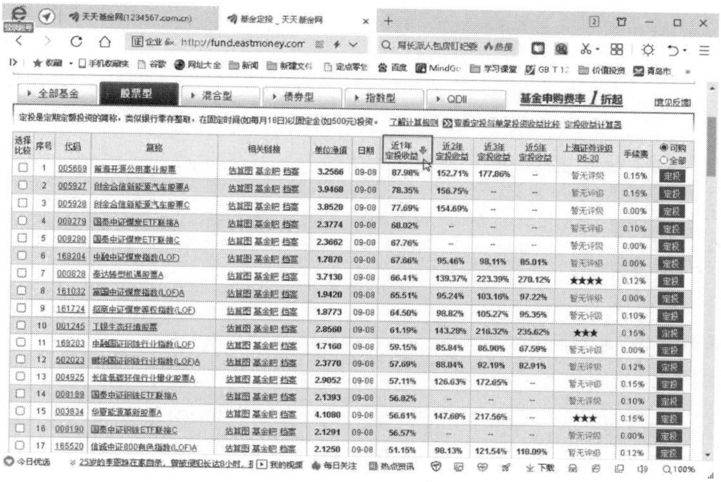

图5.6　按近1年定投收益从高到低对股票型基金定投信息进行排序

这样就可以查看近 1 年来定投收益较高的前三名股票型基金信息了，这对投资者选择定投基金有较大帮助。

同理，还可以按近 2 年、近 3 年、近 5 年定投收益从高到低对股票型基金定投信息进行排序，这样对投资者选择好的定投基金有较大作用。

单击“上海证券评级”按钮，就可以按上海证券评级从高到低对股票型基金定投信息进行排序，如图 5.7 所示。

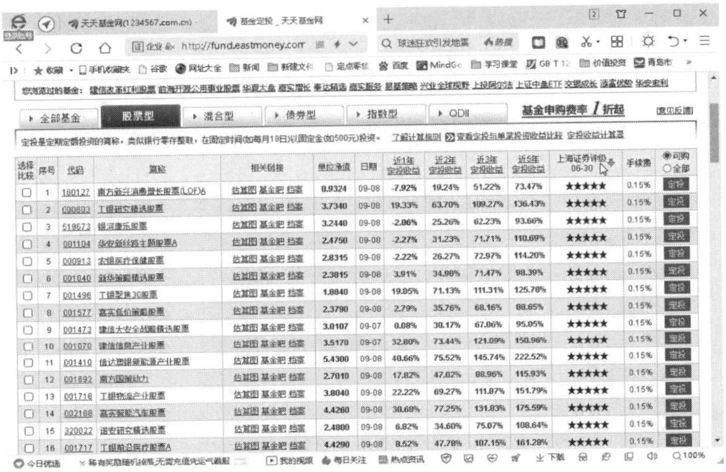

| 选择比较 | 序号 | 代码 | 简称 | 相关链接 | 单位净值 | 日期 | 近1年定投收益 | 近2年定投收益 | 近3年定投收益 | 近5年定投收益 | 上海证券评级 06-30 | 手续费 | ◉可购 ○全部 |
|---|---|---|---|---|---|---|---|---|---|---|---|---|---|
| ☐ | 1 | 160127 | 南方新兴消费增长股票(LOF)A | 估算图 基金吧 档案 | 0.9324 | 09-08 | -7.92% | 19.24% | 51.22% | 73.47% | ★★★★★ | 0.15% | 定投 |
| ☐ | 2 | 000803 | 工银研究精选股票 | 估算图 基金吧 档案 | 3.7340 | 09-08 | 19.33% | 63.70% | 109.27% | 136.43% | ★★★★★ | 0.15% | 定投 |
| ☐ | 3 | 519673 | 银河康乐股票 | 估算图 基金吧 档案 | 3.2440 | 09-08 | -2.06% | 25.26% | 62.23% | 93.66% | ★★★★★ | 0.15% | 定投 |
| ☐ | 4 | 001104 | 华安新丝路主题股票A | 估算图 基金吧 档案 | 2.4750 | 09-08 | -2.27% | 31.23% | 71.71% | 110.69% | ★★★★★ | 0.15% | 定投 |
| ☐ | 5 | 000913 | 农银医疗保健股票 | 估算图 基金吧 档案 | 2.8315 | 09-08 | -2.22% | 26.27% | 72.97% | 114.20% | ★★★★★ | 0.15% | 定投 |
| ☐ | 6 | 001040 | 新华策略精选股票 | 估算图 基金吧 档案 | 2.3815 | 09-08 | 3.91% | 34.98% | 71.47% | 98.39% | ★★★★★ | 0.15% | 定投 |
| ☐ | 7 | 001496 | 工银聚焦30股票 | 估算图 基金吧 档案 | 1.8840 | 09-08 | 19.85% | 71.13% | 111.31% | 125.78% | ★★★★★ | 0.15% | 定投 |
| ☐ | 8 | 001577 | 嘉实低价策略股票 | 估算图 基金吧 档案 | 2.3790 | 09-08 | 2.79% | 35.76% | 68.16% | 88.65% | ★★★★★ | 0.15% | 定投 |
| ☐ | 9 | 001473 | 建信大安全战略精选股票 | 估算图 基金吧 档案 | 3.0107 | 09-07 | 0.08% | 30.17% | 67.06% | 95.05% | ★★★★★ | 0.15% | 定投 |
| ☐ | 10 | 001070 | 建信信息产业股票 | 估算图 基金吧 档案 | 3.5170 | 09-07 | 32.80% | 73.44% | 121.09% | 150.96% | ★★★★★ | 0.15% | 定投 |
| ☐ | 11 | 001410 | 信达澳银新能源产业股票 | 估算图 基金吧 档案 | 5.4300 | 09-08 | 40.66% | 75.52% | 145.74% | 222.52% | ★★★★★ | 0.15% | 定投 |
| ☐ | 12 | 001692 | 南方国策动力 | 估算图 基金吧 档案 | 2.7010 | 09-08 | 17.82% | 47.02% | 88.96% | 115.93% | ★★★★★ | 0.15% | 定投 |
| ☐ | 13 | 001718 | 工银物流产业股票 | 估算图 基金吧 档案 | 3.8040 | 09-08 | 22.22% | 69.27% | 111.87% | 151.79% | ★★★★★ | 0.15% | 定投 |
| ☐ | 14 | 002168 | 嘉实智能汽车股票 | 估算图 基金吧 档案 | 4.4260 | 09-08 | 30.68% | 77.25% | 131.83% | 175.59% | ★★★★★ | 0.15% | 定投 |
| ☐ | 15 | 320022 | 诺安研究精选股票 | 估算图 基金吧 档案 | 2.4800 | 09-08 | 6.82% | 34.60% | 75.07% | 108.64% | ★★★★★ | 0.15% | 定投 |
| ☐ | 16 | 001717 | 工银前沿医疗股票A | 估算图 基金吧 档案 | 4.4290 | 09-08 | 8.52% | 47.78% | 107.15% | 161.28% | ★★★★★ | 0.15% | 定投 |

图5.7　按上海证券评级从高到低对股票型基金定投信息进行排序

上海证券基金评价体系目前仅对开放式普通股票基金、偏股混合基金、灵活配置混合基金、偏债混合基金、纯债基金、普通债券基金和可转债基金七类基金给出综合与单项指标评级，对被动投资类基金、QDII、货币基金、封闭式基金等产品不进行评级。

上海证券基金评价体系目前仅发布成立或转型时间在 42 个月（包括 6 个月的建仓时间）以上上述七类基金的 3 年、5 年综合评级与单项指标评级。

上海证券基金评价强调能力驱动的业绩，对基金的综合评级基于对基金三个方面能力的评价。

（1）风险管理与构建有效投资组合的能力，体现为风险—回报交换的效率，由夏普比率度量。

（2）证券选择能力，即通过选择价值被低估的证券（股票与债券）而获得市场风险调整后的超额收益的能力。

（3）时机选择能力，即基金根据对市场走势的判断，通过调整基金资产 / 行业 / 证券配置，以增强或降低对市场的敏感度进而跑赢基金基准、创造超额收益的能力。这三方面的能力是主动型基金最根本的投资管理能力。

单击"代码"按钮，即可按代码对股票型基金定投信息进行排序。单击"简称"
按钮，即可按简称对股票型基金定投信息进行排序，如图 5.8 所示。

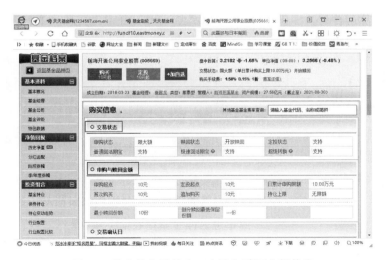

图5.8　按简称对股票型基金定投信息进行排序

## 5.2.3　股票型基金定投的手续费

如果想定投一只股票型基金，除了应关注其单位净值、近年来的定投收益外，
还应关注其手续费。假如要查看"前海开源公用事业股票（005669）"基金的手续费，
只需单击其对应的"手续费"项，即可查看该基金的交易状态、申购与赎回金额信
息，如图 5.9 所示。

图5.9　基金的交易状态、申购与赎回金额信息

下面先来了解一下前海开源公用事业股票型基金（005669）的交易状态信息。

申购状态：限大额，即申购状态处于可申购状态，但单日累计购买上限为 10.00 万元。

赎回状态：开放赎回，即可赎回状态。

定投状态：支持，即该股票型基金可以定投。

另外，该股票型基金还支持普通回活期宝、极速回活期宝、超级转换。

> 📶提醒：活期宝是天天基金网倾情打造的一款投资优选货币基金的理财工具。通过活期宝，用户可充值任一优选货币基金，支持定投。作为新型的专业理财工具，活期宝支持个人用户7×24小时灵活取现、最快1秒到账，单只货币基金单日快速取现不超过1万元（活期宝关联货币基金已多达38只）。

极速回活期宝的功能有两项，分别是极速到账和资金不闲置。

极速到账是指基金赎回时，实现 T+1 日极速到账活期宝。与行业平均 T+3 日以上的到账时间相比缩短了至少两天。

资金不闲置是指 T+1 日即享受活期宝最高 7 日年化 2%~6% 高收益。

超级转换是指跨公司进行基金互转。赎回基金后可以选择直接转入其他基金产品，T+1 日极速确认，追赶高收益，赚钱不间断。

下面再来了解一下前海开源公用事业股票型基金（005669）的申购与赎回金额信息。

申购起点：10 元。

定投起点：10 元。

日累计申购限额：10.00 万元。

首次购买：10 元。

追加购买：10 元。

持仓上限：无限额。

最小赎回份额：10 份。

部分赎回最低保留份额：1 份。

向下拖动垂直滚动条，即可查看该基金的交易确认日和运作费用信息，如图 5.10 所示。

图5.10　基金的交易确认日和运作费用信息

下面来了解一下前海开源公用事业股票型基金（005669）的交易确认日信息。

买入确认日：T+1 日。

卖出确认日：T+1 日。

其中，T 日是指开放式基金销售机构在规定时间受理投资者申购、转换、赎回或其他业务申请的工作日。T 日以股市收市时间为界，每天 15:00 之前提交的交易按照当天收市后公布的净值成交，15:00 之后提交的交易将按照下一个交易日的净值成交，比如，周一 15:00 前提交的交易，以 T 日（周一）的净值成交，T+1（星期二）确认交易。需要特别注意的是，周末或节假日前最后一个工作日 15:00 后到节后第一个工作日 15:00 前为同一个工作日。比如，星期五 15:00 之后提交的交易将视为下星期一的交易，T 日为下星期一，以 T 日的净值成交，T+1（下星期二）确认交易。

下面再来了解一下前海开源公用事业股票型基金（005669）的运作费用信息。

管理费率：1.50%（每年）。

托管费率：0.25%（每年）。

销售服务费率：不同基金销售公司的销售费率是不同的。

需要注意的是，管理费、托管费、销售服务费从基金资产中每日计提。每个交易日公告的基金净值已扣除管理费和托管费，无须投资者在每笔交易中另行支付。

向下拖动垂直滚动条，即可查看该基金的认购费率（前端）和申购费率（前端）信息，如图 5.11 所示。

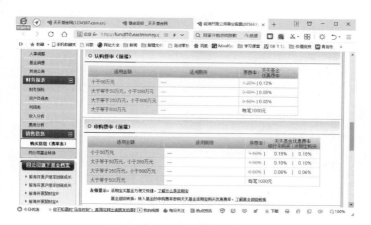

图5.11　基金的认购费率（前端）和申购费率（前端）信息

在这里可以看到，购买基金的金额越大，则认购费率或申购费率越低。一般情况下，基金的认购费率往往会低于申购费率。

向下拖动垂直滚动条，即可查看该基金的赎回费率信息，如图 5.12 所示。

在这里可以看到，持有基金的时间越长，赎回费率越低。往往持有基金时间超过两年，即可免除赎回费率。

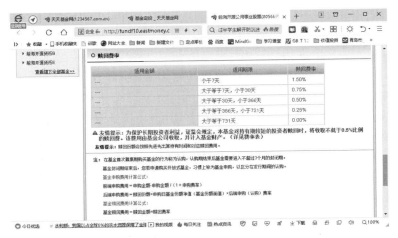

图5.12　基金的赎回费率信息

## 5.2.4　股票型基金定投的档案和基金吧

如果想定投一只股票型基金，还应关注该基金的档案。单击"相关链接"中的
"档案"按钮，即可查看该基金的基本概况，如图 5.13 所示。

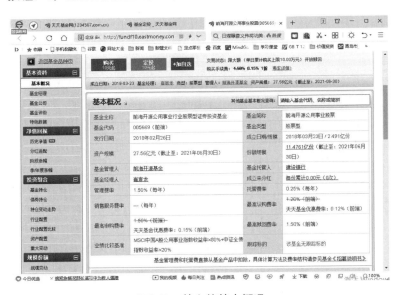

图5.13　基金的基本概况

向下拖动垂直滚动条，即可查看该基金的投资目标、投资理念、投资范围、投
资策略等信息，如图 5.14 所示。

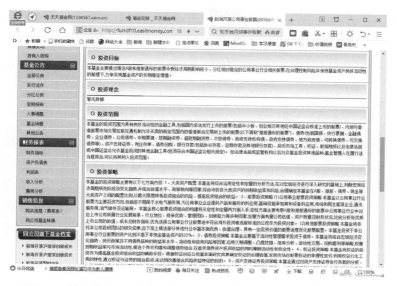

图5.14　基金的投资目标、投资理念、投资范围、投资策略等信息

　　向下拖动垂直滚动条，即可查看该基金的分红政策、风险收益特征等信息，如图 5.15 所示。

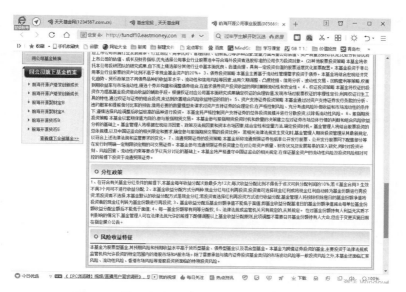

图5.15　基金的分红政策、风险收益特征等信息

　　如果想定投一只股票型基金，还应关注该基金的基金吧。在基金吧中，投资者不仅可以看到别的投资者对该基金的看法、评论，自己也可以发表对该基金的看法和评论，即投资者可以自由地交流基金信息。

　　单击"相关链接"中的"基金吧"按钮，即可查看该基金的全部讨论信息，如图5.16 所示。

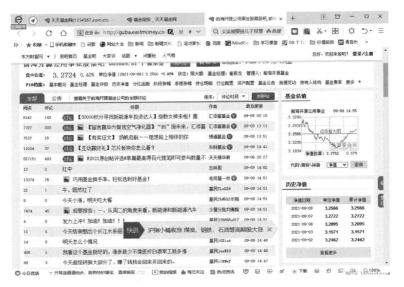

图5.16　基金的全部讨论信息

　　如果想查看某条信息，只需单击该信息的标题即可。

## 5.2.5 股票型基金定投的详细信息

　　如果想查看一只股票型基金的详细信息，只需单击该基金的名称即可，在这里单击"前海开源公用事业股票（005669）"按钮，就可以看到该基金的净值估算、单位净值、累计净值、基金类型、基金规模、基金经理、成立日等信息，如图 5.17 所示。

图5.17　基金的净值估算、单位净值、累计净值、基金类型、基金规模、基金经理、成立日等信息

　　向下拖动垂直滚动条，即可查看该基金的盘中实时净值估算图、股票持仓等信息，如图 5.18 所示。

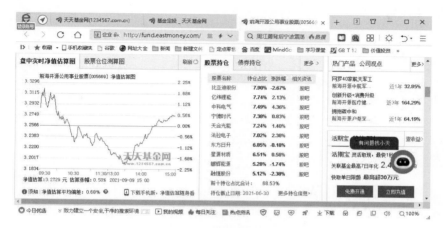

图5.18　基金的盘中实时净值估算图、股票持仓等信息

　　单击"股票仓位测算图"按钮，即可查看该基金的股票仓位测算图；单击"债券持仓"按钮，即可查看该基金的债券持仓信息，如图 5.19 所示。

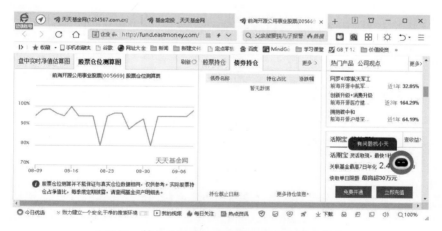

图5.19　基金的股票仓位测算图和债券持仓信息

　　向下拖动垂直滚动条，即可查看该基金的单位净值走势和最近几个交易日的净值，如图 5.20 所示。

图5.20  基金的单位净值走势和最近几个交易日的净值

单击"累计净值走势"按钮，即可查看该基金的累计净值走势；单击"分红"按钮，即可查看该基金的分红情况；单击"评级"按钮，即可查看该基金的评级情况。

向下拖动垂直滚动条，即可查看该基金的阶段涨幅信息，如图 5.21 所示。

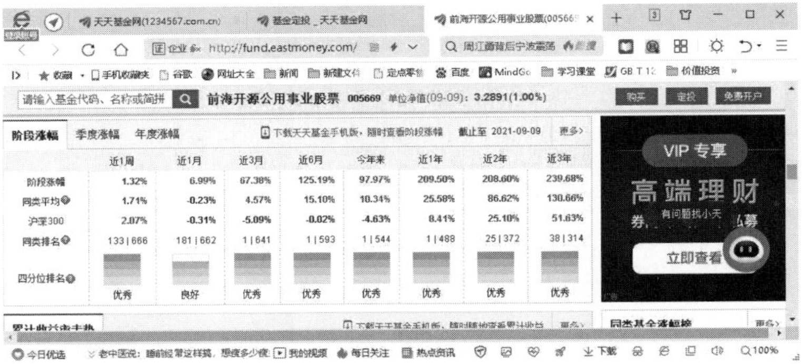

图5.21  基金的阶段涨幅信息

在这里可以看到该基金的同类平均、同类排名和四分位排名等信息。

（1）同类平均。天天基金网采用最新同类分类，在原有一级分类基础上按照资产维度向下细分，用更加科学的方法计算平均值做参考。如混合型—偏股、混合型—偏债。

（2）同类排名。天天基金网采用最新同类排行，在原有一级分类基础上按照资产维度向下细分，用更加科学的方法在同一维度内进行对比。如混合型—偏股、混合型—偏债。

（3）四分位排名。四分位排名是将同类基金按涨幅大小顺序排列，然后分为 4 等分，每个部分大约包含 1/4，即 25% 的基金，基金按相对排名的位置高低分为优秀、良好、一般、不佳。

单击"季度涨幅"按钮，即可查看该基金的季度涨幅信息；单击"年度涨幅"按钮，即可查看该基金的年度涨幅信息。

向下拖动垂直滚动条，即可查看该基金的累计收益率走势，如图 5.22 所示。

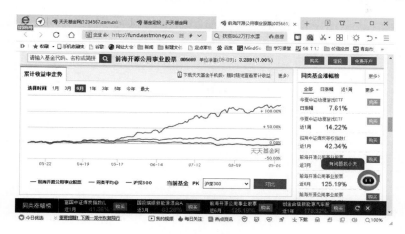

图5.22　基金的累计收益率走势

需要注意的是，这里有三条线的对比走势，分别是前海开源公用事业股票基金（005669）、同类平均和沪深 300。在这里可以看到，该基金的累计收益远远高于同类平均，也远远高于沪深 300。

向下拖动垂直滚动条，即可查看该基金的同类排名走势，如图 5.23 所示。

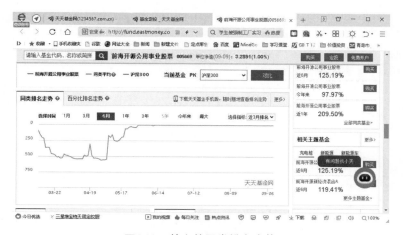

图5.23　基金的同类排名走势

单击"百分比排名走势"按钮，即可查看该基金的百分比排名走势。

向下拖动垂直滚动条，即可查看该基金的规模变动和投资风格等信息，如图 5.24 所示。

图5.24　基金的规模变动和投资风格等信息

单击"资产配置"按钮，即可查看该基金的资产配置信息；单击"基金换手率"按钮，即可查看该基金的换手率信息，如图5.25所示。

图5.25　基金的资产配置和换手率信息

单击"持有人结构"按钮，即可查看该基金持有人的结构信息；单击"业绩评价"按钮，即可查看该基金的业绩评价。

向下拖动垂直滚动条，即可查看该基金的基金经理情况，如图5.26所示。

图5.26　基金的基金经理情况

单击"基金经理变动一览"按钮，即可查看该基金的基金经理变动信息，如图5.27所示。

图5.27　基金的基金经理变动信息

# 5.3　选择股票型基金的方法

股票型基金是一种高风险、高收益的投资产品，投资者在选择股票型基金时要注意两点——投资取向和基金公司的品牌。

## 5.3.1　投资取向

基金的投资取向代表了基金未来的风险、收益，因此应选择适合自己风险、收益偏好的股票型基金，特别是对没有运作历史的新基金公司所发行的产品更要仔细观察。

## 5.3.2　基金公司的品牌

买基金是买一种专业理财服务，因此提供服务的公司，其本身的素质非常重要。目前，国内多家评级机构会按月公布基金评级结果。尽管这些结果尚未得到广泛认同，但将多家机构的评级结果放在一起也可作为投资者投资时的参考。

此外，专家建议，面对国内市场上众多的股票型基金，投资者可优先配置一定比例的指数型基金，然后适当配置一些规模较小、具备下一波增长潜力和分红潜力的股票型基金。

> 📶 提醒：投资股票型基金应注意风险。由于价格波动较大，股票型基金属于高风险投资。除市场风险外，股票型基金还存在着集中风险、流动性风险、操作风险等，这些风险也是投资者在投资时必须关注的。

## 5.4 股票型基金定投实战

下面利用天天基金网，了解一下如何实现股票型基金定投。

选中要定投的股票型基金后，单击其后的"定投"按钮，即可进入"基金定投登录"页面，如图 5.28 所示。

图5.28 "基金定投登录"页面

输入交易账号和交易密码，然后单击"登录"按钮，即可进入"基金定投"页面，如图 5.29 所示。

图5.29 "基金定投"页面

提醒：在交易账号中，也可以输入绑定的手机号。

在这里可以看到投资者要定投的基金的代码、名称、类型和分红方式。

向下拖动垂直滚动条，即可进一步设置基金定投选项，如图 5.30 所示。

图5.30　进一步设置基金定投选项

在这里可以看到，定投方式为定期定额；扣款周期可以为每月、每周、双周、每日（交易日）；扣款日期可以为 1 日到 30 日中的任何一天。

进一步设置每期投资金额，注意购买金额不能低于 10 元。

假如每期投资金额为 10 元，输入后，就可以看到大写金额、申购费率及估算申购费等信息，如图 5.31 所示。

图5.31　每期投资金额为10元

注意申购费用有较大的优惠，并且可以估算出为投资者节省的费用。

选中"我已阅读并同意《天天基金定期定额投资服务协议》"前的复选框，同时要选中"我已阅读并同意产品资料概要、基金合同、招募说明书、风险揭示书、客户维护费揭示书内容。"前的复选框。

然后单击"下一步"按钮，就会弹出"友情提示"对话框，如图5.32所示。

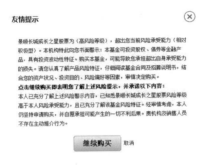

图5.32 "友情提示"对话框

单击"继续购买"按钮，即可进入"预览定投计划"页面，如图5.33所示。

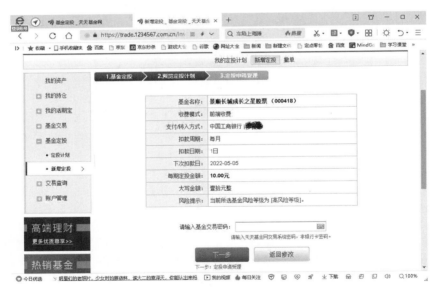

图5.33 "预览定投计划"页面

如果不认同定投，可以单击"返回修改"按钮。如果认同定投，就可以输入基金交易密码，然后单击"下一步"按钮，此时，定投计划设置成功，如图5.34所示。

图5.34 定投计划设置成功

然后单击"确认"按钮，即可查看基金定投信息，如图 5.35 所示。

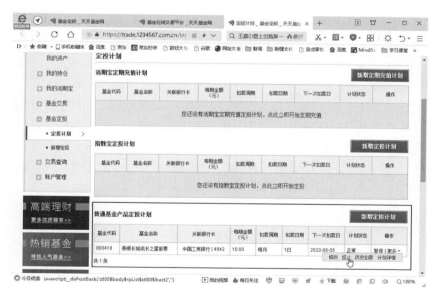

图5.35 基金定投信息

鼠标指针指向操作中的"更多"，就可以进一步修改基金定投信息，或终止基金定投操作，或查看历史扣款信息，等等。

## 5.5 股票型基金定投的注意事项

股票型基金定投的注意事项，具体如下所述。

（1）如基金定投的定期定额计划扣款日为非交易日，该笔扣款申请将顺延至下一个交易日提交，顺延可跨月。遇到非交易日不扣款，如顺延的下一个交易日恰好与下一期定投扣款日重叠，则当日只发起一笔扣款。

（2）若基金公司公告暂停某只基金的申购，则在公告暂停申购期限内，该基金定投申购交易失效，且不顺延。暂停申购期结束后，将自动恢复基金定投业务。

（3）使用银行卡扣款支付定投的投资者，要提前至少 1 个交易日存入足够资金，以免扣款失败。

（4）基金定期定额交易申请因银行卡账户余额不足、网络或通信故障等导致扣款失败，将在之后的 1 个交易日内补扣，若仍未成功则取消本期扣款。如补扣顺延到的下一个交易日恰好与下一期定投扣款日重叠，则当日只发起一笔扣款。如连续 3 期（按日定投为 6 期）扣款失败，系统将自动暂停该定投计划。

（5）如因其他原因当期基金定期定额交易申请扣款失败，则当期定期定额申请无效，但不影响之后的定期定额交易。

（6）客户端系统时间与服务器时间可能有误差，投资者应尽量避免在交易截止时间前后进行交易，交易提交时间以本系统服务器时间为准。如网络原因或网银系统故障，导致划款成功指令未传递到本系统的，基金管理公司会在交易日结束后通过银行对账，确认交易成功，15:00 前的交易申请将视为当日的申请。

（7）基金的申购、赎回交易均遵循"未知价"交易原则，即投资者申购、赎回基金时都按提交业务申请当天的净值计算，而每天的净值是在交易结束后计算出来的，也就是说，投资者在提交交易申请时不知道交易的价格。因此投资者所看到的基金净值，为该基金上一个交易日的基金净值，而非基金申购、赎回成交时的基金净值。

# 第 6 章

## 债券型基金定投的技巧

如果投资者想购买国债，但又不想去银行排队，甚至排队也买不到国债的时候，那么投资债券型基金就是一种不错的选择。本章将讲解债券型基金定投的技巧。

### 本章主要内容包括下述各点。

◎ 债券和债券型基金的定义

◎ 债券型基金的分类、特点和优点

◎ 债券型基金分为 A、B、C 类

◎ 债券型基金定投信息的查看方法

◎ 债券型基金的利润来源

◎ 影响债券型基金收益的因素

◎ 购买债券型基金的注意事项

◎ 债券型基金定投实战

◎ 债券型基金的投资策略

## 6.1　初识债券型基金

要进行债券型基金定投，就要了解什么是债券、什么是债券型基金，还要了解债券型基金的分类、特点及优点。下面详细介绍一下。

### 6.1.1　债券的定义

债券是一种有价证券，是政府、金融机构、工商企业等经济主体为筹集资金而向投资者出具的、承诺按照一定利率定期支付利息并到期偿还本金的债权债务凭证。

债券的要素包括面值、偿还期、票面利率和发行人。

### 6.1.2　债券型基金的定义

以债券为主要投资对象的基金称为债券型基金，因为其投资的产品收益比较稳定，又称为"固定收益基金"。

根据中国证监会相关规定，80% 以上的基金资产投资于债券的，界定为债券型基金（简称"债基"）。

### 6.1.3　债券型基金的分类

根据投资股票的比例不同，债券型基金可分为两种，分别是纯债券型基金与偏债券型基金。

两者的区别在于，纯债券型基金不投资股票，而偏债券型基金可以投资少量的股票。偏债券型基金的优点在于可以根据股票市场走势灵活地进行资产配置，在控制风险的条件下分享股票市场带来的机会。一般来说，债券型基金不收取认购或申购费用，赎回费率也较低。

### 6.1.4　债券型基金的特点

债券型基金的特点有 6 个，如图 6.1 所示。

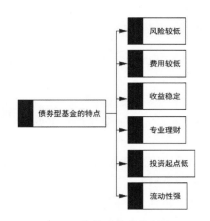

图6.1　债券型基金的特点

1）风险较低

与股票型基金相比，债券型基金主要投资于固定收益证券，受股市行情影响较小，因此风险较低；与投资于单一债券相比，债券型基金通过集中投资者的资金对不同债券进行组合投资，能有效降低单个投资者直接投资于某种债券可能面临的风险，因此风险较低。

2）费用较低

与股票型基金相比，债券型基金的申购费率、管理费率相对较低。股票型基金的申购费率一般为 1%~1.5%，债券型基金的申购费率一般为 0~0.8%；股票型基金每年通常会收取 1%~1.5% 的管理费，而债券型基金通常只收取 0.6%~0.75% 的管理费。

3）收益稳定

投资于债券定期都有利息回报，到期还承诺还本付息，因此与股票型基金相比，债券型基金的收益更加稳定。

4）专业理财

市面上债券种类繁多，一般投资者要进行债券投资不但要仔细研究发债实体，而且要判断利率走势等宏观经济指标，往往力不从心，投资于债券型基金则可以分享专业经营成果。

5）投资起点低

由于银行间债券、企业债、可转债等产品的投资对小额资金有种种限制，普通投资者通过购买债券型基金间接持有债券，可以突破这种投资起点限制。例如，许多债券型基金的起投金额设为 100 元，甚至 10 元，如建信转债增强债券 A 起投金额就设为 10 元。

6）流动性强

投资者如果投资于非流通债券，则只有到期才能兑现，而通过债券型基金间接投资于债券，则可以获得很高的流动性，随时可将持有的债券型基金转让或赎回。

## 6.1.5 债券型基金的优点

债券型基金的优点有两个，具体如下所述。

（1）投资者购买债券型基金可以随时变现，流动性好。投资者可以以申请当日的基金单位资产净值为基准随时赎回债券型基金，而投资者如果投资于银行定期存款、凭证式国债，则变现较为困难，并且要承受很高的提前兑付的利息损失。

（2）相对于投资者自己直接投资债券，购买债券型基金可享受多种特殊待遇，获得更高收益。例如，可以间接进入债券发行市场，获得更多投资机会；可以进入银行间市场，持有付息更高的金融债券；可以进入回购市场，享受融资申购新股和无风险逆回购利息收入的超级机构投资者待遇；基金现金资产存放于托管银行，享受同业活期存款利率，远高于居民和企业的活期存款利率；享受各种税收优惠。另外，申购、赎回债券型基金时均不必交纳印花税，所得分红也可免交所得税；还可享受基金进行债券投资的低交易成本。

## 6.2 债券型基金分为A、B、C类

和股票型基金不同的是，在债券型基金中有些特殊的分类，比如，华夏债券和大成债券分为 A、B、C 三类，而工银强债、招商安泰、博时稳定和鹏华普天分为A、B 两类。这之间到底有什么区别呢？

首先，无论是 A、B、C 三类还是 A、B 两类，其核心的区别在申购费上。

如果是 A、B、C 三类基金，A 类一般代表前端收费，B 类代表后端收费，而 C 类没有申购费，注意无论前端还是后端，都没有手续费；而 A、B 两类债券基金，一般 A 类有申购费，包括前端和后端，而 B 类没有任何申购费。

也就是说，A、B、C 三类中的 A 类和 B 类基金相当于 A、B 两类中的 A 类，是前端或者后端皆需支付申购费的基金，而 A、B、C 三类中的 C 类基金相当于 A、B 两类中的 B 类基金，无申购费。

但是如果仔细去看招募书，就会发现，在这些没有申购费的债券基金中，费率中都多出了一条叫"销售服务费"的条款。

例如，在华夏债券的招募书上是这样写的："本基金 A/B 类基金份额不收取销售服务费，C 类基金份额的销售服务费年费率为 0.3%。本基金销售服务费将专门用于本基金的销售与基金份额持有人服务。"也就是说，华夏债券 C 类虽然不收取前端或者后端申购费，但收销售服务费。这种销售服务费和管理费类似，按日提取。

天下没有免费的午餐。不收取一次性申购费，就按日收取销售服务费，但这并不是中间就没有区别。以华夏债券 A、B、C 三类为例，由于没有任何申购费，C 类虽然有销售费，但 0.3% 的销售费 3 年下来还不到 1%，仍然低于前端申购费（暂时

不考虑资产的增值）。投资者可以这样考虑：如果自己确定为短期投资，比如，投资期限是 1~2 年以下，那么可选择 C 类债券，2 年以上就不合算了；如果确定是 3 年以上，就可以选择 B 类，因为华夏债券 B 类 2~3 年后的收费就只有 0.7% 了，而且越长越少；如果对投资期限没有任何判断，就可以考虑 A 类前端收费。对于华夏 A 类债券，持有 3 年以上就强于 C 类，但持有 1 年以下就好于 B 类。不过，这种 A、B、C 的规律也有特例。比如，从易方达月收益 A、B 发展而来的易方达稳健收益 A、B 则正好相反。易方达稳健收益 A 无申购费，而易方达稳健收益 B 是前端收费。

## 6.3 债券型基金定投信息的查看方法

下面利用天天基金网来查看债券型基金定投信息。

### 6.3.1 债券型基金定投信息的整体查看方法

在浏览器的地址栏中输入"https://www.1234567.com.cn"，然后按回车键，就可进入天天基金网的首页。

单击导航栏中的"定投排行"按钮，即可查看所有定投基金的收益排行信息。单击"债券型"按钮，即可查看债券型基金定投收益信息，注意这里是按基金单位净值从高到低排序的，如图 6.2 所示。

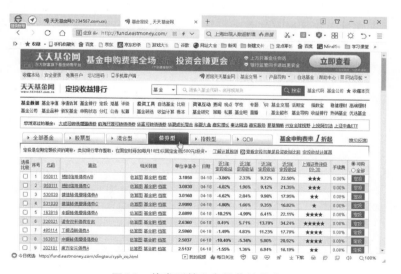

图6.2 债券型基金定投收益信息

在这里可以看到定投债券型基金的代码、简称、单位净值、日期、近 1 年定投收益、近 2 年定投收益、近 3 年定投收益、近 5 年定投收益、上海证券评级、手续费等信息。

在默认状态下，即可查看所有"可购"的定投债券型基金信息。如果选择"全部"命令，即可查看全部定投债券型基金信息，如图 6.3 所示。

图6.3　全部定投债券型基金信息

## 6.3.2 债券型基金定投信息的排序

债券型基金定投信息默认是按单位净值从高到低排序的。单击"近 3 年定投收益"按钮，就可以按近 3 年定投收益从高到低对债券型基金定投信息进行排序，如图 6.4 所示。

图6.4　按近3年定投收益从高到低对债券型基金定投信息进行排序

这样就可以查看近 3 年来定投收益最高的债券型基金信息了，这对投资者选择定投基金有较大帮助。

同理，还可以按近 1 年、近 2 年、近 5 年定投收益从高到低对债券型基金定投信息进行排序，这样对投资者选择好的定投基金有较大作用。

单击"上海证券评级"按钮，就可以按上海证券评级从高到低对债券型基金定投信息进行排序。

还可以对债券型基金定投的手续费、档案、基金吧和详细信息进行查看，查看方法与股票型基金是一样的，这里不再重复。

## 6.4 债券型基金的利润来源

债券型基金的利润来源包括 7 个方面，如图 6.5 所示，最主要的是基金投资债券自身的票面利息收入和买卖债券获得的资本收益。

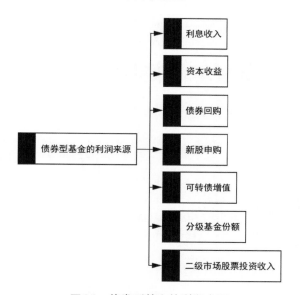

图6.5 债券型基金的利润来源

1）利息收入

利息收入是指债券型基金本身所持有的债券在持有期间产生的利息收入，这部分收益比较稳定。

2）资本收益

资本收益是指在债券到期前，如果行情比较好，通过将债券卖出获得买卖差价，获得超额收益，且变现的流动资金可进行再投资，获取更高利息的债券。

3）债券回购

债券回购是指当回购利率低于债券票面利率时，可通过回购交易套利。具体操作是通过回购业务将持有的债券质押融资，将融得的资金再继续投入债券市场，如此操作，可获得杠杆收入。

4）新股申购

新股申购是指除了纯债基金以外，偏债基金可参与新股申购，申购新股部分将会获得较高的投资回报。

5）可转债增值

可转债既具有债性，又具有股性，当投资者持有的可转债公司的股价有上涨趋势时，可转债的价值会超过其作为固定收益类债券的价值，从而具有类似于股票的价值。

6）分级基金份额

在债券基金中购买次级份额的投资者，会按照杠杆比例扩大收益倍数。

7）二级市场股票投资收入

二级债券基金可以适当参与二级市场股票投资，这也增加了基金的获利来源。

## 6.5　影响债券型基金收益的因素

影响债券型基金收益的因素主要有 4 个，如图 6.6 所示。

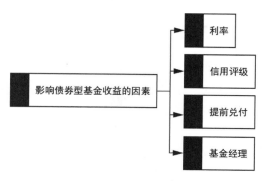

图6.6　影响债券型基金收益的因素

1）利率

债券价格的涨跌与利率的升降呈反向关系。利率上升的时候，债券价格便会下滑。要知道债券价格变化，从而知道债券型基金的资产净值对于利率变动的敏感程度如何，可以将久期作为指标来衡量。

> 📶提醒：久期，又称持续期，它是以未来发生的现金流，按照目前的收益率折算成现值，再用每笔现值乘以其距离债券到期日的年限求和，然后以这个总和除以债券目前的价格得到的数值。

久期取决于债券的三大因素包括到期期限、本金和利息支出的现金流、到期收益率。久期以年计算，但与债券的到期期限是不同的概念。借助这项指标，投资者可以了解到，所考察的基金由于利率的变动而获益或损失多少。

久期越长，债券基金的资产净值对利息的变动越敏感。例如，某只债券基金的久期是 5 年，那么如果利率下降 1 个百分点，则基金的资产净值约增加 5 个百分点；反之，如果利率上涨 1 个百分点，则基金的资产净值要遭受 5 个百分点的损失。又如，有两只债券基金，久期分别为 4 年和 2 年，前者资产净值的波动幅度大约为后者的两倍。

2）信用评级

一些评级机构会定期对债券的发行主体信用等级进行跟踪评级。如果某债券的信用等级下降，将会导致该债券的价格下跌，持有这种债券的基金净值也会随之下降。

3）提前兑付

一些债券允许提前兑付。当利率下降时，拥有提前兑付权利的发行人会行使该权利。基金经理不得不将兑付资金投资于利率更低的债券产品，从而使基金整体回报下降。

4）基金经理

基金经理的市场判断能力、投资组合管理能力、职业道德标准都可能对基金的回报产生影响。

## 6.6 购买债券型基金的注意事项

如果股市处于震荡行情下，债券型基金就会受到投资者青睐。但是，投资者要注意，虽然债券型基金具有抗风险、收益稳健的特征，但投资者购买该基金还是不宜"全仓"，同时还应该注意两个问题，即债券型基金的投资范围和债券型基金的交易成本。

### 6.6.1 债券型基金的投资范围

债券型基金之所以在股市的震荡中具有抗风险的特征，主要在于债券型基金与股市有相当程度的"脱离"关系，即债券型基金绝大部分资金不投资于股票市场，而主要通过投资债券市场获利。此外，偏债券型基金虽然能通过"打新股""投资可转债"等投资于股票市场，却有严格的比例限制。例如，天弘永利债券基金，其在股票市场上的投资以参加新股申购为主，仅以小部分资产择机投资于二级市场，且该类投资不得超过基金资产的20%。

## 6.6.2 债券型基金的交易成本

不同债券型基金的交易费用会相差2倍至3倍，因此，投资者应尽量选择交易费用较低的债券型基金产品。此外，老债券型基金多有申购、赎回费用，而新发行的债券型基金大多以销售服务费代替申购费和赎回费，且销售服务费是从基金资产中计提，投资者交易时无须提前支付。

## 6.7 债券型基金定投实战

下面利用天天基金网，了解一下如何实现债券型基金定投。

选中要定投的债券型基金后，单击其后的"定投"按钮，即可进入"基金定投登录"页面，如图6.7所示。

图6.7 "基金定投登录"页面

输入交易账号和交易密码，然后单击"登录"按钮，即可进入"基金定投"页面，如图6.8所示。

图6.8　"基金定投"页面

在这里可以看到投资者选择的定投基金代码（050011）、基金名称（博时信用债券 A/B）、基金类型（债券型、中风险等级、前端收费）、分红方式（现金分红）。

还可以看到定投基金的概要信息，即定投基金的基金管理人（博时基金管理有限公司）、基金托管人（中国工商银行股份有限公司）、运作方式（普通开放式）、开放频率（每个开放日开放申购、赎回）。

向下拖动垂直滚动条，即可进一步设置基金定投选项，如图 6.9 所示。

图6.9　进一步设置基金定投选项

在这里可以看到定投方式为定期定额。

扣款周期为每月、每周、双周、每日（交易日），在这里选择的是"每周"。

扣款日期为星期一到星期五，在这里选择的是"星期一"。

在这里还可以看到下次扣款日期为 2022 年 4 月 25 日。

进一步设置每期投资金额也就是每期定投的金额，注意购买金额不能低于 10 元，在这里设置为 100 元。

输入每期投资金额后，就可以看到大写金额、申购费率。需要注意的是，默认申购费率为 0.80%，现在优惠到 0.08%。单击其后的"详情"按钮，即可弹出该基金申购费率（前端）和赎回费率的详细信息，如图 6.10 所示。

### 博时信用债券A/B（050011）    ⊗

#### 申购费率（前端）

| 投资金额 | 银行卡申购费率 | 活期宝申购费率 |
| --- | --- | --- |
| 大于等于500万元 | 每笔1000元 | 每笔1000元 |
| 小于100万元 | 0.08% | 0.08% |
| 大于等于100万元小于300万元 | 0.05% | 0.05% |
| 大于等于300万元小于500万元 | 0.03% | 0.03% |

#### 赎回费率

| 持有期限 | 赎回费率 |
| --- | --- |
| 小于7天 | 1.50% |
| 大于等于7天，小于1年 | 0.10% |
| 大于等于1年，小于2年 | 0.05% |
| 大于等于2年 | 0.00% |

查看更多详情>

图6.10　博时信用债券A/B的申购费率（前端）和赎回费率的详细信息

在这里可以看到，当投资金额大于等于 500 万元时，每笔申购费是固定的，只有 1000 元。

当投资金额小于 100 万元时，申购费率为 0.08%。

当投资金额大于等于 100 万元小于 300 万元时，申购费率为 0.05%。

当投资金额大于等于 300 万元小于 500 万元时，申购费率为 0.03%。

总之，投资金额越大，申购费率就越低。

而赎回费率具体如下所述。

持有基金小于 7 天，赎回费率为 1.50%。

持有基金大于等于 7 天，小于 1 年，赎回费率为 0.10%。

持有基金大于等于 1 年，小于 2 年，赎回费率为 0.05%。

持有基金大于等于 2 年，赎回费率为 0，即没有赎回费用。

总之，持有基金的时间越长，赎回费率越低。

选中"我已阅读并同意《天天基金定期定额投资服务协议》"前的复选框，同时选中"我已阅读并同意产品资料概要、基金合同、招募说明书、风险揭示书、客户维护费揭示书内容。"前的复选框。

然后单击"下一步"按钮，就会进入"预览定投计划"页面，如图 6.11 所示。

图6.11　"预览定投计划"页面

如果不认同定投，可以单击"返回修改"按钮。如果认同定投，就可以输入基金交易密码，然后单击"下一步"按钮，这样定投计划即可设置成功。

## 6.8 债券型基金的投资策略

下面来讲解一下投资债券型基金的三大策略。

（1）投资债券型基金虽然属于风险相对较小的理财方式，但还是有一定风险的。它主要与中国人民银行的利率挂钩，尤其是在升息的环境中。当利率上行的时候，债券的价格会下跌，这样一来债券型基金可能会出现亏损。所以在这里建议投资者在操作时一定要随时关注银行的利率变化。

（2）债券价格的涨跌与利率的升降呈反向关系。利率上升的时候，债券价格便会下滑。假如，某只债券型基金的时期为 5 年，那么如果利率每下降 1 个百分点，基金的资产净值则会增加 5 个百分点左右；反之亦然。

（3）在购买债券型基金之前一定要了解其信用度。这既可以通过基金招募说明书，也可以通过基金投资组合报告进行前期了解。投资者还需要了解其所投资的可转债以及股票的比例关系。基金持有比较多的可转债，可以提高收益能力，但也会放大其风险。因为可转债的价格受正股波动影响，波动要大于普通债券，尤其是集中持有大量转债的基金，其回报率受股市和可转债市场的影响远大于债市。

# 第 7 章

## 指数型基金定投的技巧

很多定投股票型基金的基民都有过"赚了指数不赚钱"的经历。在一段时间内，大盘指数有了很大涨幅，但自己所定投的股票型基金净值却没有怎么上涨，甚至还出现了亏损。如果基民定投指数型基金，就不会出现这种苦恼了。本章将讲解指数型基金定投的技巧。

**本章主要内容包括下述各点。**

◎ 指数型基金的定义和特点

◎ 指数型基金的类型和优缺点

◎ 指数型基金定投信息的查看方法

◎ 挑选指数型基金的方法

◎ 股神巴菲特为什么喜欢指数型基金

◎ 指数型基金定投实战

◎ 指数型基金的风险

## 7.1 初识指数型基金

要进行指数型基金定投，就要了解指数型基金的定义、特点、类型及优缺点。下面详细讲解一下。

### 7.1.1 指数型基金的定义

指数型基金是指以特定指数（如沪深 300 指数、中证 100 指数、上证 50 指数、深证 100 指数、中小 100 指数、科创 50 指数等）为标的指数，并以该指数的成分股为投资对象，通过购买该指数的全部或部分成分股构建投资组合，以追踪标的指数表现的基金产品。

通过上面的定义投资者可以知道，指数型基金其实是一种被动管理式基金，也就是说，这种基金不必将大量的时间精力用来精选个股，基金经理通常只需要跟踪重要指数（比如沪深 300）的样本股，并以相同的比例来构建最小化跟踪误差组合就可以了。

主要的指数型基金跟踪标的如表 7.1 所示。

表7.1 主要的指数型基金跟踪标的

| 跟踪指数标的 | 指数基金 |
| --- | --- |
| 沪深 300 | 富国沪深 300 指数、国富沪深 300 指数、华夏沪深 300 指数、嘉实沪深 300 指数、易方达沪深 300 指数、农银汇理沪深 300 指数、银华沪深 300 指数、广发 300 指数、建信沪深 300 指数、大成沪深 300 指数、长盛沪深 300 指数、南方沪深 300 指数、鹏华沪深 300 指数、博时裕富沪深 300 指数、国泰沪深 300 指数、中欧沪深 300 指数、申万菱信沪深 300 指数 |
| 中证 100 | 长盛中证 100、海富通中证 100、华富中证 100、华宝兴业中证 100、诺安中证 100、中银中证 100、宝盈中证 100、长信中证 100 |
| 上证 50 | 易方达上证 50、中海上证 50 |
| 上证 180 | 国泰上证 180 联接、华宝兴业上证 180ETF、华安上证 180ETF、华宝兴业上证 180、国泰上证 180ETF |
| 上证超级大盘指数 | 博时超大盘 ETF、博时超大盘 ETF 联接 |
| 深证 100 | 建信深证 100、易方达深证 100ETF、融通深证 100 指数、招商深证 100 指数 |
| 深证成分指数 | 融通深证成分指数、天弘深证成分指数 |

续表

| 跟踪指数标的 | 指数基金 |
| --- | --- |
| 中小板 | 广发中小板 300 联接、广发中小板 300ETF、华夏中小板 ETF、国泰中小板 300 联接、华富中小板 |

## 7.1.2 指数型基金的特点

股神巴菲特有一个原则，就是从不推荐任何股票和基金。只有一种基金例外，那就是指数型基金。巴菲特曾多次公开向投资者推荐指数型基金，他为什么这么钟爱指数型基金呢？这是因为指数型基金与普通股票型基金相比，具有 4 个特点，如图 7.1 所示。

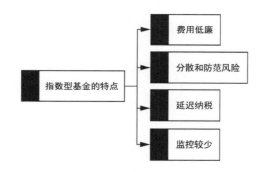

图7.1 指数型基金的特点

1）费用低廉

费用低廉是指数型基金最突出的优势。费用主要包括管理费用、交易成本和销售费用三项。管理费用是指基金经理人进行投资管理所产生的成本；交易成本是指在买卖证券时发生的经纪人佣金等交易费用。销售费用是指基金经理人用于支付销售机构佣金和基金的营销费用。指数型基金采取持有策略，不用经常换股，因此这些费用远远低于积极管理的基金，这个差异有时可达 1%~3%，虽然从绝对额上看这是一个很小的数字，但是由于复利效应的存在，在一个较长的时期里累积的结果将对基金收益产生巨大影响。

2）分散和防范风险

一方面，由于指数型基金广泛地分散投资，任何单只股票的波动都不会对指数型基金的整体表现产生影响，从而分散风险。另一方面，指数型基金所盯住的指数一般都具有较长的历史可以追踪，因此，在一定程度上指数型基金的风险是可以预测的。

3）延迟纳税

指数型基金采取购买并持有的策略，所持有股票的换手率很低，只有当一只股票从指数中剔除的时候，或者投资者要求赎回投资的时候，指数型基金才会出售持有的股票，实现部分资本利得。这样，每年所交纳的资本利得税（在美国等发达国家中，资本利得税属于所得税的范围）很少，再加上复利效应，延迟纳税会给投资者带来很多好处，尤其在累积多年以后，这种效应就会愈加突出。

4）监控较少

运作指数型基金不用主动作出投资决策，所以基金管理人基本上不需要对基金的表现进行监控。指数型基金管理人的主要任务是监控对应指数的变化，以保证指数型基金的组合构成与之相适应。

## 7.1.3 指数型基金的类型

按复制方式的不同区分，指数型基金可分为完全复制型指数基金和增强型指数基金。

1）完全复制型指数基金

完全复制型指数基金，力求按照基准指数的成分和权重进行配置，以最大限度地减少跟踪误差为目标。

2）增强型指数基金

增强型指数基金，在将大部分资产按照基准指数权重配置的基础上，也用一部分资产进行积极的投资。其目标为在紧密跟踪基准指数的同时获得高于基准指数的收益。

按交易机制的不同区分，指数型基金可分为 4 种，分别是封闭式指数型基金、开放式指数型基金、指数型 ETF、指数型 LOF。

1）封闭式指数型基金

封闭式指数型基金，可以在二级市场交易，但是不能申购和赎回。

2）开放式指数型基金

开放式指数型基金，不能在二级市场交易，但可以向基金公司申购和赎回。

3）指数型 ETF

指数型 ETF，可以在二级市场交易，也可以申购、赎回，但申购、赎回必须采用组合证券的形式。

4）指数型 LOF

指数型 LOF，既可以在二级市场交易，也可以申购、赎回。

## 7.1.4 指数型基金的优缺点

指数型基金的优点有 3 项，具体如下所述。

（1）受人为因素影响很小。

（2）费率低。一般股票型基金申购和赎回费率为 1%~1.5%，而指数型基金为 0.5%~1.2%。

（3）长期投资风险小、回报优。

指数型基金的缺点有 4 项，具体如下所述。

（1）波动太大。对于短线操作来说，风险很大。

（2）领涨但不抗跌。在任何市场上，指数型基金都是高仓位的，无法通过基金经理的操作来规避股市的风险。

（3）基金赎回的风险。如果想提前退出，就要在低位卖出，容易亏损。

（4）基金定投并非所有情况都适用，效果差异很大。

## 7.2 指数型基金定投信息的查看方法

下面利用天天基金网来查看指数型基金定投信息。

在浏览器的地址栏中输入 "https://www.1234567.com.cn"，然后按回车键，即可进入天天基金网的首页。

单击导航栏中的 "定投排行" 按钮，即可查看所有定投基金的收益排行信息。单击 "指数型" 按钮，即可查看指数型基金定投收益信息。注意这里是按基金单位净值从高到低排序的，如图 7.2 所示。

图7.2 指数型基金定投收益信息

在这里可以查看定投指数型基金的代码、简称、单位净值、日期、近 1 年定投收益、近 2 年定投收益、近 3 年定投收益、近 5 年定投收益、上海证券评级、手续费等信息。

　　单击"近1年定投收益"按钮，即可按近1年定投收益从高到低对指数型基金定投信息进行排序，如图7.3所示。

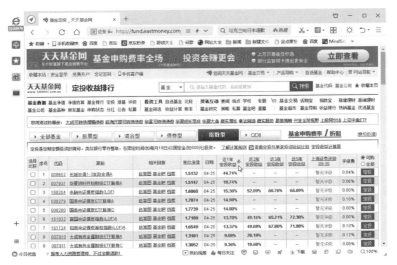

图7.3　按近1年定投收益从高到低对指数型基金定投信息进行排序

　　这样就可以看到近1年来定投收益最高的指数型基金信息，这对投资者选择定投基金有较大帮助。

　　同理，还可以按近2年、近3年、近5年定投收益从高到低对指数型基金定投信息进行排序，这样对投资者选择好的定投基金有较大作用。

　　还可以对指数型基金定投的手续费、档案、基金吧和详细信息进行查看，查看方法与股票型基金是一样的，这里不再重复。

## 7.3　挑选指数型基金的方法

　　市场的指数型基金越来越多，选择要定投的指数型基金的难度也越来越大，投资者该如何选择指数型基金呢？

### 7.3.1　关注基金公司的实力

　　在选择任何定投基金时，基金公司的实力都应该是投资者关注的首要因素，当然指数型基金也不例外。虽然指数型基金属于被动式投资，基金公司无须像管理股票型基金那样进行复杂的选股、择时等操作，但这并不意味着每一家基金公司管理的指数型基金都是一样的。

事实上，跟踪标的指数同样是一个复杂的过程，同样需要精密的计算和严谨的操作流程。细心的基民一定可以发现，即便市场上存在多只跟踪同一标的指数的指数型基金，它们在一定周期内的净值增长率也会有所不同。

产生这种差异的原因之一，就是基金公司跟踪标的指数的能力存在差距。实力强的基金公司，往往能够更加紧密地跟踪指数。因此，投资者在选择指数型基金时，首先要关注管理这只指数型基金的基金公司是否拥有足够的实力，是否值得信赖。

## 7.3.2 关注基金费用

相对于股票型基金，指数型基金的优势之一就是费用低廉。但是，不同指数型基金费用"低廉"的程度却有所不同。

对于投资者来说，指数型基金的费用主要应关注两项，即申购费率和赎回费率。一般来说，指数型基金的申购费率同样有前端收费和后端收费两种形式，不同基金公司跟踪不同标的指数的指数型基金的申购费率也会存在一定差别。同时，不同指数型基金的赎回费率也会有所不同。

某只指数型基金的申购、赎回费率具体如下所述。

申购金额在 100 万元以下，申购费率为 1.2%；申购金额在 100 万（含）~500 万元以下，申购费率为 0.9%；申购金额在 500 万（含）~1000 万元以下，申购费率为 0.6%；申购金额在 1000 万元以上，每笔 1000 元。

持有不满 1 年，赎回费率为 0.5%；如果持有时间满 1 年或 1 年以上，则不再收取赎回费用。

投资者选择指数型基金的目的之一，就是追求标的指数所在市场的平均收益水平，那么尽量减少投资的成本是相当重要的。不过，较低的费用固然重要，但其前提应该是建立在指数型基金良好收益性的基础之上，所以不可盲目地为追求较低的费用而选择指数型基金。

## 7.3.3 关注标的指数

在选择定投的指数型基金时，除了要考虑基金公司的实力与费用外，更重要的是要根据其标的指数来选择基金产品。现在，市场上的指数型基金越来越多，它们所跟踪的标的指数也种类繁多。下面介绍当前基金市场上的几个热门指数。

1）沪深 300 指数

沪深 300 指数由上海证券交易所和深圳证券交易所联合编制，从上海和深圳证券市场中选取 300 只 A 股作为样本，于 2005 年 4 月 8 日正式发布，以 2004 年 12 月 31 日为基日，基日点位为 1000 点的 A 股市场整体走势指数。

沪深 300 指数样本覆盖了沪深市场 6 成左右的市值，具有良好的市场代表性。沪深 300 指数是沪深证券交易所第一次联合发布的反映 A 股市场整体走势的指数。它的推出，丰富了市场现有的指数体系，增加了一项用于观察市场走势的指标，有利于投资者全面把握市场运行状况，也进一步为指数投资产品的创新和发展提供了基础条件。

> 提醒：对于投资者来说，选择投资沪深300指数基金，相当于将投资目标定位于分享沪深两市的平均收益上。

然后按回车键，查看沪深 300 指数的走势。

打开同花顺软件，选择菜单栏中的"报价" | "全部指数" | "沪深 300"命令，即可查看沪深 300 指数的日 K 线图，如图 7.4 所示。

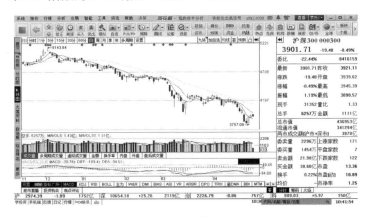

图7.4　沪深300指数的日K线图

在日 K 线图状态下，按回车键，即可查看沪深 300 指数的报价信息，如图 7.5所示。

图7.5　沪深300指数的报价信息

2）上证 50 指数

上证 50 指数是由上海证券交易所编制的，挑选上海证券市场中规模最大、流动性最好的最具代表性的 50 只股票组成样本股，于 2004 年 1 月 2 日正式发布，基日为 2003 年 12 月 31 日，基点为 1000 点的成分股指数。

上证 50 指数的编制目的之一，是综合反映上海证券市场中最具影响力的优质大盘企业的整体状况。由此不难看出，上证 50 指数的编制目的非常明确，而投资者在选择投资上证 50 指数基金时，就等于认可了上证 50 指数成分股中的优质大盘企业的投资价值。华夏上证 50ETF 所跟踪的标的指数即为上证 50 指数。

下面利用同花顺软件，查看上证 50 指数的走势。

打开同花顺软件，选择菜单栏中的"报价"|"全部指数"|"上证系列"命令，即可查看上证 50 指数的报价信息，如图 7.6 所示。

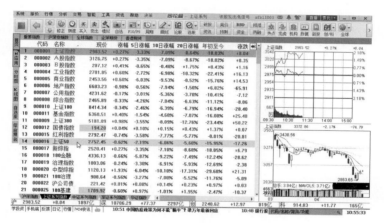

图7.6　上证50指数的报价信息

双击"上证 50"，即可查看上证 50 指数的日 K 线图，如图 7.7 所示。

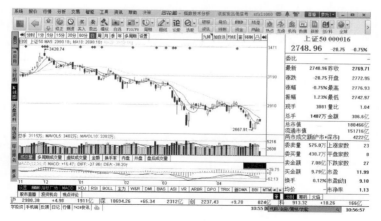

图7.7　上证50指数的日K线图

3）上证 180 指数

上海证券交易所于 2002 年 7 月 1 日正式对外发布的上证 180 指数，是用以取代原来的上证 30 指数的成分股指数。新编制的上证 180 指数其样本数量扩大到 180 家，入选的个股均是一些规模大、流动性好、行业代表性强的股票。

上证 180 指数不仅在编制方法的科学性、成分选择的代表性和成分的公开性上有所突破，同时也恢复和提升了成分指数的市场代表性，从而能更全面地反映股价的走势。统计表明，上证 180 指数的流通市值占到沪市流通市值的 50%，成交金额占比也达到 47%。它的推出，将有利于推出指数化投资，引导投资者理性投资，并促进市场对"蓝筹股"的关注。

> 🔊 提醒：如果投资者看好沪市的整体收益状况，希望寻求沪市的平均收益水平，那么选择上证180指数型基金是较为适合的。

下面利用同花顺软件，查看上证 180 指数的走势。

打开同花顺软件，选择菜单栏中的"报价"|"全部指数"|"上证系列"命令，即可查看上证 180 指数的报价信息，如图 7.8 所示。

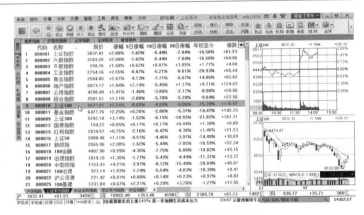

图7.8　上证180指数的报价信息

双击"上证180"，即可查看上证 180 指数的日 K 线图，如图 7.9 所示。

图7.9　上证180指数的日K线图

4）深证 100 指数

深证 100 指数由深圳证券交易所委托深圳证券信息公司编制和维护，包含深市 A 股流通市值最大、成交最活跃的 100 只成分股的指数，以 2002 年 12 月 31 日为基日，基点为 1000 点。

深证 100 指数是中国证券市场第一只定位投资功能和代表多层次市场体系的指数，其成分股代表了深圳 A 股市场的核心优质资产，成长性较强。

> 提醒：投资者投资以深证100指数为标的的指数型基金，大多是因为看好这些上市公司的高成长性与盈利能力。

下面利用同花顺软件，查看深证 100 指数的走势。

打开同花顺软件，选择菜单栏中的"报价"|"全部指数"|"深证系列"命令，即可查看深证 100 指数的报价信息，如图 7.10 所示。

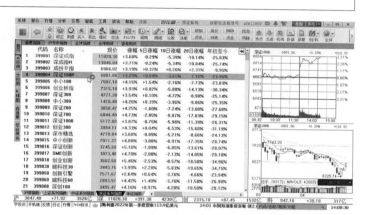

图7.10　深证100指数的报价信息

> 提醒：深证100指数后面带有R，表明该指数可以进行融资融券交易。

双击"深证 100R"，即可查看深证 100 指数的日 K 线图，如图 7.11 所示。

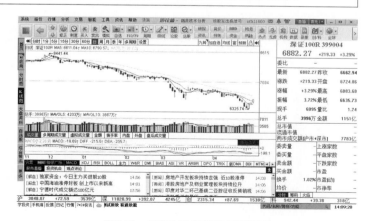

图7.11　深证100指数的日K线图

5）中小 100 指数

2005 年 6 月 7 日，是中小 100 指数的基日，基日指数定为 1000 点。中小 100 指数是综合反映 A 股市场中小企业上市公司整体状况的指数。

中小 100 指数样本股企业规模小，成长性强，因此，中小 100 指数也得到了很多投资者的青睐。如果投资者对中小企业的成长性普遍看好，那么投资中小 100 指数是较为适合的选择。

下面利用同花顺软件，查看中小 100 指数的走势。

打开同花顺软件，选择菜单栏中的"报价"|"全部指数"|"深证系列"命令，即可查看中小 100 指数的报价信息，如图 7.12 所示。

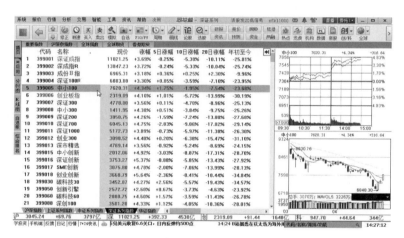

图7.12　中小100指数的报价信息

双击"中小 100"，即可查看中小 100 指数的日 K 线图，如图 7.13 所示。

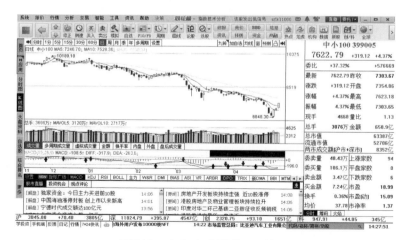

图7.13　中小100指数的日K线图

6）科创 50 指数

2021 年，中证指数公司全新发行了中证科创创业 50 指数（简称科创 50 指数），该指数以 2019 年 12 月 31 日为基日，以 1000 点为基点。科创 50 指数是从科创板和创业板中选取市值较大的 50 只新兴产业上市公司证券作为指数样本，以反映上述市场中代表性新兴产业上市公司证券的整体表现。

下面利用同花顺软件，查看科创 50 指数的走势。

打开同花顺软件，选择菜单栏中的“报”|“全部指数”|“科创 50”命令，然后按下回车键，即可查看科创 50 指数的日 K 线图，如图 7.14 所示。

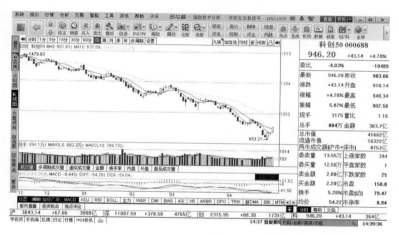

图7.14　科创50指数的日K线图

在日 K 线图状态下，按回车键，即可查看该指数的报价信息，如图 7.15 所示。

| | 代码 | 名称 | 现价 | 涨跌 | 总手 | 现手 | 开盘 | 最高 | 最低 | 涨幅% | 量比 | 振幅% | 金额 |
|---|---|---|---|---|---|---|---|---|---|---|---|---|---|
| 145 | 000688 | 科创50 | 946.39 | +43.33 | 887.48万 | 2494 | 910.14 | 948.34 | 902.58 | 4.80 | 1.16 | 5.07 | 365.2亿 |
| 146 | 000802 | 500沪市 | 6141.84 | +204.40 | 8361.61万 | 24573 | 5980.46 | 6156.27 | 5955.90 | 3.44 | 1.04 | 3.37 | 748.3亿 |
| 147 | 000814 | 细分医药 | 9923.95 | +263.02 | 816.23万 | 2157 | 9630.88 | 9935.56 | 9629.99 | 2.72 | 1.09 | 3.16 | 309.5亿 |
| 148 | 000819 | 有色金属 | 5517.84 | +254.29 | 2066.22万 | 5139 | 5308.79 | 5525.73 | 5272.44 | 4.83 | 0.98 | 4.81 | 374.3亿 |
| 149 | 000823 | 800有色 | 5836.27 | +258.91 | 1707.47万 | 1765 | 5622.66 | 5848.00 | 5587.16 | 4.64 | 0.95 | 4.68 | 274.5亿 |
| 150 | 000827 | 中证环保 | 2065.13 | +66.60 | 3004.52万 | 11086 | 2013.82 | 2071.03 | 1980.61 | 3.33 | 1.07 | 4.52 | 643.1亿 |
| 151 | 000847 | 腾讯济安 | 2824.90 | +59.46 | 4298.50万 | 3342 | 2762.01 | 2833.98 | 2759.02 | 2.15 | 1.14 | 2.71 | 538.5亿 |
| 152 | 000849 | 300非银 | 7805.12 | +307.37 | 2132.25万 | 1397 | 7628.69 | 7852.84 | 7533.89 | 4.10 | 1.32 | 4.25 | 298.1亿 |
| 153 | 000851 | 百发100 | 16009.88 | +521.68 | 4181.61万 | 3591 | 15579.04 | 16044.63 | 15511.39 | 3.37 | 1.15 | 3.44 | 690.9亿 |
| 154 | 000852 | 中证1000 | 5735.56 | +241.65 | 1.69亿 | 45230 | 5534.17 | 5753.08 | 5517.72 | 4.40 | 1.06 | 4.28 | 1761亿 |
| 155 | 000853 | CSSW丝路 | 1635.23 | +36.76 | 4531.67万 | 3353 | 1599.90 | 1639.99 | 1589.87 | 2.30 | 1.09 | 3.14 | 758.5亿 |
| 156 | 000854 | 500原料 | 4642.51 | +155.63 | 3172.24万 | 3083 | 4511.56 | 4656.52 | 4495.17 | 3.47 | 0.98 | 3.60 | 227.7亿 |
| 157 | 000855 | 央视500 | 1397.27 | +30.83 | 1.98亿 | 62450 | 1372.41 | 1399.65 | 1359.68 | 2.26 | 1.08 | 2.93 | 3532亿 |
| 158 | 000856 | 500工业 | 5316.42 | +46.43 | 1391.88万 | 3370 | 5300.68 | 5359.17 | 5264.49 | 0.88 | 0.46 | 1.80 | 117.1亿 |
| 159 | 000857 | 500医药 | 11687.85 | +258.98 | 679.44万 | 1383 | 11353.94 | 11703.35 | 11351.77 | 2.28 | 0.65 | 3.10 | 121.7亿 |
| 160 | 000858 | 500信息 | 5439.14 | +69.07 | 397.50万 | 581 | 5434.54 | 5493.94 | 5397.70 | 1.30 | 0.48 | 1.79 | 58.65亿 |
| 161 | 000860 | 结构调整 | 1039.72 | +5.59 | 2079.03万 | 6461 | 1040.40 | 1042.81 | 1032.12 | 0.54 | 0.45 | 1.03 | 221.2亿 |
| 162 | 000863 | CS精准医 | 3258.73 | -16.59 | 136.53万 | 471 | 3260.24 | 3310.76 | 3252.47 | -0.51 | 0.44 | 1.78 | 89.43亿 |
| 163 | 000865 | 上海国企 | 1214.98 | +7.61 | 882.78万 | 24263 | 1210.04 | 1218.21 | 1205.30 | 0.63 | 0.60 | 1.07 | 67.75亿 |
| 164 | 000867 | 港中小企 | 2378.96 | -32.89 | 173.54万 | 470 | 2411.56 | 2411.56 | 2377.77 | -1.36 | 0.19 | 1.40 | 13.94亿 |
| 165 | 000869 | HK银行 | 2880.12 | -34.72 | 254.33万 | 241 | 2896.30 | 2911.06 | 2865.93 | -1.19 | 0.28 | 1.55 | 17.55亿 |
| 166 | 000891 | 新兴综指 | 1315.28 | +18.81 | 9992.56万 | 43516 | 1306.40 | 1316.19 | 1299.41 | 1.45 | 0.51 | 1.29 | 1512亿 |

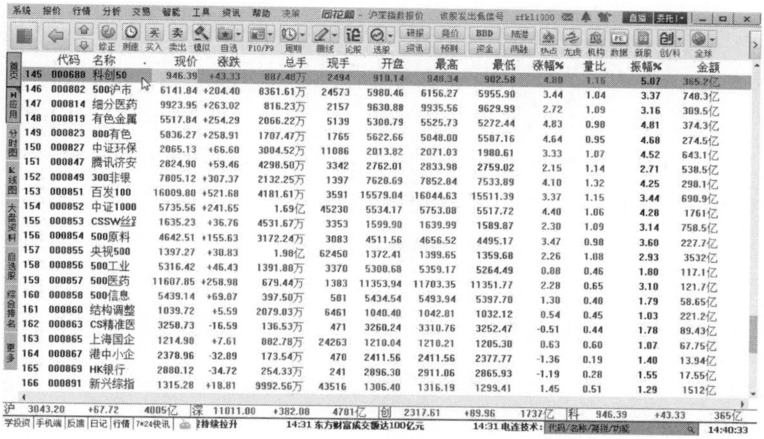

图7.15　科创50指数的报价信息

## 7.4　股神巴菲特为什么喜欢指数型基金

被称为"股神"的巴菲特从不推荐股票，也从不预测市场走势，但是许多投资者都知道巴菲特唯一推荐过的投资品种就是指数型基金。

### 7.4.1　指数型基金适于长期投资

在 2015 年伯克希尔股东大会上，有一名投资者问巴菲特，"假设您只有 30 来岁，没有什么经济来源，只能靠一份全日制工作谋生，但是您已经有一笔储蓄，足够维持一年半的生活开支，那么您攒的第一个 100 万元将会如何投资？"

巴菲特回答，"我会把所有的钱都投资到一只低成本的跟踪标准普尔 500 指数的指数型基金，除非我是在大牛市期间购买，否则我有信心获得强于市场的收益……然后继续努力工作"。

巴菲特看到提问者的年龄大约有 30 岁，所以为他提出投资指数型基金的建议。投资如果从 30 岁算起，到 60 岁左右退休，大约是 30 年。美国标准普尔 500 指数在 1979 年到 2015 年的 36 年间，年均增长率将近 8%。

另外，巴菲特认为，在大牛市的顶部购买指数型基金，风险是非常大的。但如果目前市场处于底部或者中部，投资风险得到释放，那么在市场恢复过程中，指数型基金的表现是足够好的。

### 7.4.2　低费率的指数型基金值得投资

在 2018 年巴菲特致股东的信中写道，"那些收费非常低廉的指数型基金在产品设计上是非常适合投资者的"。

巴菲特认为，对于大多数想要投资股票的人来说，收费很低的指数型基金是最理想的选择。一般主动式管理基金的管理费为 1.5%，托管费为 0.25%；而国内指数型基金的管理费率为 0.5%~1.3%，托管费率则为 0.1%~0.25%，其中 ETF 和指数 LOF 的费率水平更低。加上 LOF 的便捷交易模式，投资成本更低。

### 7.4.3　定投指数型基金是更好的投资对象

2017 年，巴菲特在接受 CNBC 电视采访时表示，个人投资者的最佳选择就是买入一只低成本的指数型基金，并在一段时间里持续定期买入。如果投资者坚持长期持续定期买入指数型基金，可能不会买在最低点，但投资者同样也不会买在最高点。从长期来看，指数型基金的收益率并不会输给主动型基金。

从国内数据来看，定投指数型基金也明显胜出。从历史数据来看，长期投资指数型基金在指数震荡上升的前提下，许多指数型基金的收益要高于主动型基金。原因很简单，指数型基金不做择时，在建仓完毕后一般执行的是"买入并持有"的投资策略，换手率远低于主动管理型基金。粗略统计，主动管理型基金每年的交易费率、佣金等运营成本比指数型基金高2%。尽管看起来2%微乎其微，但如果长期投资的话，累积起来的收益也相当可观。

## 7.5 指数型基金定投实战

下面利用天天基金网，介绍一下如何实现指数型基金定投。

选中要定投的指数型基金后，单击其后的"定投"按钮，即可进入"基金定投登录"页面，如图7.16所示。

图7.16 "基金定投登录"页面

输入交易账号和交易密码，然后单击"登录"按钮，即可进入"基金定投"页面，如图7.17所示。

图7.17  "基金定投"页面

在这里可以看到投资者选择的定投基金代码（004744）、基金名称（易方达创业板 ETF 联接 C）、基金类型（指数型、高风险等级、前端收费）、分红方式（现金分红）。

还可以看到定投基金的概要信息，即定投基金的基金管理人（易方达基金管理有限公司）、基金托管人（中国工商银行股份有限公司）、运作方式（普通开放式）、开放频率（每个开放日）。

向下拖动垂直滚动条，就可以进一步设置基金定投选项，如图 7.18 所示。

图7.18  进一步设置基金定投选项

指数型基金的定投选项设置，与债券型基金的定投是一样的，这里就不再重复。

设置好各选项后，再选中"我已阅读并同意《天天基金定期定额投资服务协议》"前的复选框，以及"我已阅读并同意产品资料概要、基金合同、招募说明书、风险揭示书、客户维护费揭示书内容。"前的复选框。然后单击"下一步"按钮，就会进入"预览定投计划"页面，如图7.19所示。

图7.19 "预览定投计划"页面

如果不认同定投，可以单击"返回修改"按钮。如果认同定投，就可以输入基金交易密码，然后单击"下一步"按钮，这样定投计划即可设置成功。

## 7.6 指数型基金的风险

指数型基金是为了跟踪指数的走势而设置的基金，它通过投资组合配置避免了非系统性风险和主动投资错误风险，但不能说指数型基金比其他基金的风险小。

指数型基金最大的风险在于系统性风险。系统性风险是不可能通过分散投资消除的。当市场行情不好时，股票型基金可以通过更改股票配置来减轻系统性风险带来的影响，而指数型基金的投资配置是不可能更改的，它只能随着市场趋势变动。

📶提醒：系统性风险是指公司外部、不为公司所预计和控制的因素造成的风险，通常表现为国家、地区性战争或骚乱，全球性或区域性的石油恐慌，国民经济严重衰退或不景气，中央银行调整利率，等等。这些因素单个或综合发生，可导致所有证券商品价格都发生动荡，它断裂层大，涉及面广，人们根本无法事先采取某种针对性措施予以规避或利用，即使分散投资也丝毫不能降低其风险，从这种意义上讲，系统性风险也可称为分散性风险或者宏观性风险。

非系统性风险是股份公司自身某种原因导致的证券价格下跌的风险，它只存在于相对独立的范围内，或者个别行业中，它来自企业内部的微观因素。这种风险通常是指产生于某一证券或某一行业的独特事件，如破产、违约等，与整个证券市场不发生系统性的联系。它是总的投资风险中除了系统风险外的偶发性风险，或称残余风险。

因此，从某种意义上说，指数型基金的风险反而比其他股票型基金大。尽管作为一种中长线投资品种，指数型基金在投资配置中扮演着重要的角色，但在股市行情并不明朗时，投资指数型基金需要格外关注其风险。选择基金一定要与自己的具体情况相符合，指数型基金适合具备一定市场分析能力的投资者。

# 第8章

# QDII 基金定投的技巧

QDII 基金是由专业基金经理为投资者服务，让其轻松投资海外市场从而获利的基金产品。本章将讲解 QDII 基金定投的技巧。

## 本章主要内容包括下述各点。

◎ QDII 基金的定义

◎ QDII 基金可以投资什么

◎ QDII 基金的优势

◎ QDII 基金定投信息的查看方法

◎ 选择 QDII 基金的方法

◎ 基金公司推出的 QDII 产品与银行系 QDII 产品的区别

◎ QDII 基金的买入技巧

◎ QDII 基金定投实战

## 8.1 初识QDII基金

要定投 QDII 基金，就要了解 QDII 基金的定义、可以投资什么及优势。下面将详细讲解。

### 8.1.1 QDII基金的定义

QDII（Qualified Domestic Institutional Investor）中文意思为"合格的境内机构投资者"。它是在一国境内设立，经该国有关部门批准从事境外证券市场的股票、债券等有价证券业务的证券投资基金。

QDII 基金是在货币没有实现完全可自由兑换、资本项目尚未开放的情况下，有限度地允许境内投资者投资境外证券市场的一种过渡性的制度安排。

### 8.1.2 QDII基金可以投资什么

与境内基金相比，QDII 基金产品境外可投资的金融工具通常更丰富，具体如下所述。

（1）银行存款、可转让存单、银行承兑汇票、银行票据、商业票据、回购协议、短期政府债券等货币市场工具。

（2）政府债券、公司债券、可转换债券、住房按揭支持证券、资产支持证券及经中国证监会认可的国际金融组织发行的证券。

（3）已与中国证监会签署双边监管合作谅解备忘录的国家或地区证券市场挂牌交易的普通股、优先股、全球存托凭证和美国存托凭证、房地产信托凭证。

（4）在已与中国证监会签署双边监管合作谅解备忘录的国家或地区证券监管机构登记注册的公募基金。

（5）与固定收益、股权、信用、商品指数、基金等标的物挂钩的结构性投资产品。

（6）远期合约、互换及经中国证监会认可的境外交易所上市交易的权证、期权、期货等金融衍生产品。需要特别说明的是，金融衍生产品是为了有效管理金融风险而设计的工具，QDII 基金投资衍生品的目的是对冲风险，而不是投机，可通过控制规模、计算风险价值等手段来有效控制风险。

（7）一般情况下，QDII 基金不能投资人民币金融工具。不过目前 QDII 基金已经增加了人民币现金管理功能：QDII 基金自成立之日起，部分现金头寸可存放于境内，仅限于满足基金赎回、支付管理费、托管费、手续费等需要。在保证流动性的前提下，现金头寸可投资于货币市场工具。

### 8.1.3 QDII基金的优势

QDII 基金的优势主要体现在 3 个方面，如图 8.1 所示。

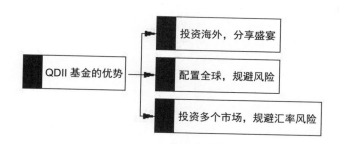

图8.1   QDII基金的优势

1）投资海外，分享盛宴

中国只是全球市场的一部分，在 A 股上涨的同时，还有很多国家和地区的资本市场在投资回报上胜于国内。投资海外，在全球市场寻求投资机会，可享受世界各区域的经济成长。通俗地说，全球市场哪里有好的投资机会，QDII 基金就投向哪里。

2）配置全球，规避风险

在 A 股市场下跌行情或震荡行情中，国内一般很少有好的投资机会，这时对现有资产进行适当配置，参与国际化投资，一方面可以规避单一市场风险，另一方面有机会获取良好的投资回报。

3）投资多个市场，规避汇率风险

QDII 基金可投资的国家中有不少币种的升值幅度高于人民币。以这些市场构建的一篮子组合模拟测算，即使买入的投资品 3 年没有价格涨跌，仅仅货币升值也可以带来 1% 以上的收益，高于人民币升值的幅度。

## 8.2   QDII基金定投信息的查看方法

下面利用天天基金网来查看 QDII 基金定投信息。

在浏览器的地址栏中输入"https://www.1234567.com.cn"，然后按回车键，即可进入天天基金网的首页。

单击导航栏中的"定投排行"按钮，即可查看所有定投基金的收益排行信息。单击"QDII"，即可查看 QDII 基金定投收益信息。注意这里是按基金单位净值从高到低排序的，如图 8.2 所示。

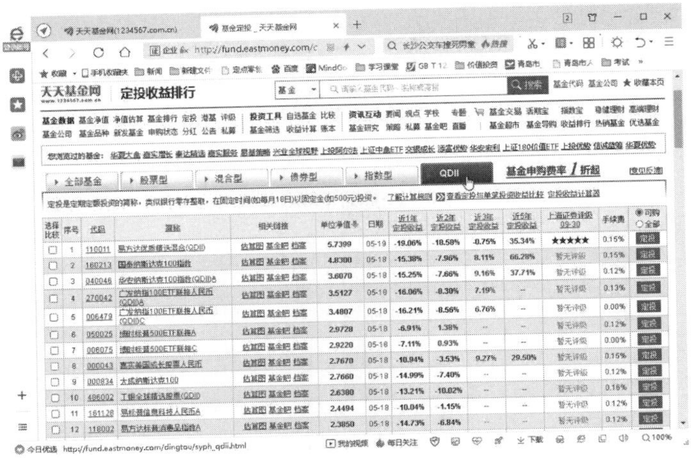

图8.2    QDII基金定投收益信息

在这里可以看到定投 QDII 基金的代码、简称、单位净值、日期、近 1 年定投收益、近 2 年定投收益、近 3 年定投收益、近 5 年定投收益、上海证券评级、手续费等信息。

单击"近 2 年定投收益"按钮，就可以按近 2 年定投收益从高到低对 QDII 基金定投信息进行排序，如图 8.3 所示。

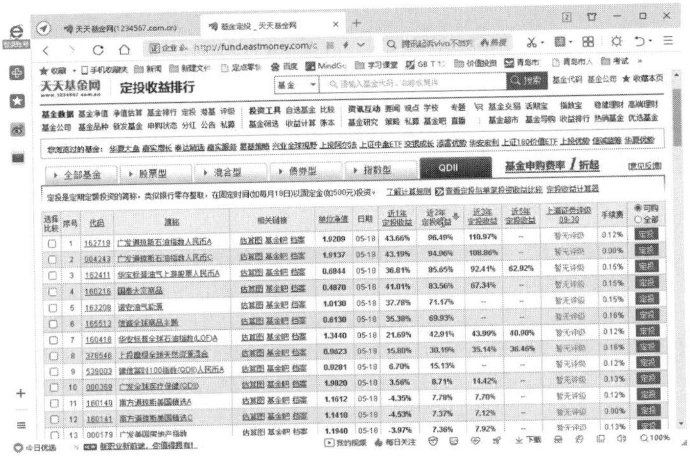

图8.3    按近2年定投收益从高到低对QDII基金定投信息进行排序

这样就可以查看近 2 年来定投收益最高的 QDII 基金信息了，这对投资者选择定投基金有较大帮助。

同理，还可以按近 1 年、近 3 年、近 5 年定投收益从高到低对 QDII 基金定投信息进行排序，这样对投资者选择好的定投基金有较大作用。

还可以对 QDII 基金定投的手续费、档案、基金吧和详细信息进行查看，查看方法与股票型基金是一样的，这里不再重复。

## 8.3 选择QDII基金的方法

选择 QDII 基金，主要应关注三个方面，如图 8.4 所示。

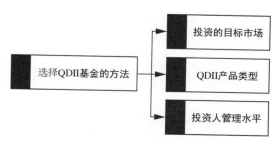

图8.4　选择QDII基金的方法

### 8.3.1 投资的目标市场

有些 QDII 产品侧重于投资全球资本市场，有的则侧重于投资区域市场。投资者在购买 QDII 产品时，应了解该产品主要投资哪些市场，这些市场的大致走势如何，汇率如何变动等。

例如，广发道琼斯石油指数人民币 A 基金，是一只 QDII 基金，其主要投资范围包括道琼斯美国石油开发与生产指数的成分股、备选成分股、跟踪道琼斯美国石油开发与生产指数的公募基金、上市交易型基金等，如图 8.5 所示。

图8.5　投资的目标市场

## 8.3.2 QDII产品类型

不同类别的 QDII 产品，其资产投资于股票、债券等不同金融工具的比例不同，预期收益水平也不同。如第二代银行 QDII 产品的股票投资比例上限多为 50%，而基金 QDII 产品的股票仓位上限理论上可达 100%，因此产品的预期收益水平是有较大差异的，对应的风险高低也有一定差异。

## 8.3.3 投资人管理水平

QDII 产品管理人及境外投资顾问的全球投资和管理水平，都是决定 QDII 产品投资收益的关键因素。购买 QDII 产品，要尽量挑选境外投资水平较高和境外投资顾问声誉卓著、业绩出众的 QDII 管理人。

在购买 QDII 产品时，可多比较一下不同产品的认购起点、费率水平、产品的流动性、风险收益预期以及相关服务等方面的情况，再注意结合个人的投资风格和风险偏好，最终作出比较适合自己的选择。

## 8.4 基金公司推出的QDII产品与银行系QDII产品的区别

基金公司推出的 QDII 产品与银行系 QDII 产品的区别主要有以下几点，如图 8.6 所示。

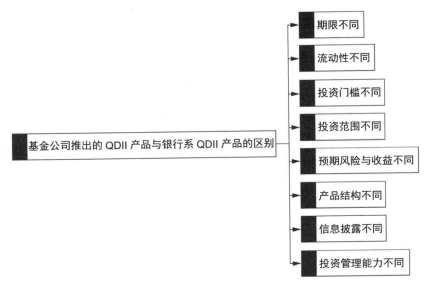

图8.6  基金公司推出的QDII产品与银行系QDII产品的区别

1）期限不同

银行 QDII 产品大多有期限；而基金 QDII 多为开放式基金，没有期限。

2）流动性不同

银行 QDII 一般申购赎回频率较低，流动性差；而基金 QDII 自封闭期结束后正常工作日都可以申购赎回，流动性较强。

3）投资门槛不同

银行 QDII 产品目前一般的投资起点是 5 万 ~30 万元，针对的是中高端客户；而基金 QDII 的投资起点一般是 1000 元，普通投资者也很容易参与。

4）投资范围不同

与银行·QDII 产品主要投资单一市场或结构性产品不同，基金 QDII 可投向包括不同市场、不同风险层次的各类投资工具。

5）预期风险与收益不同

银行 QDII 产品投资于境外股票的 QDII 比例不能超过总资产的 50%；而 QDII 基金在产品上比较灵活，既有高风险的高预期年化预期收益的股票类产品，投资全球股票市场的最高比例可达 100%，也有低风险的固定预期年化预期收益类产品。

6）产品结构不同

银行 QDII 多是挂钩海外市场的指数或者其他投资工具，投资相对被动；而基金 QDII 则会依据自己的优势进行主动管理，可灵活兼顾高风险高收益的股票类产品和低风险的固定收益类产品。

7）信息披露不同

与银行 QDII 相比，基金 QDII 产品信息披露更多，除每日公布单位净值和重大事项临时披露外，还有季报、半年报、年报等定期公开资料。

8）投资管理能力不同

与银行 QDII 产品多数实施投资外包相比，基金 QDII 在投资管理过程中，除了借助境外投资顾问的力量外，还由具备海外投资经验的人员组成专门的投资团队参与境外投资的整个过程，享有完全的主动决策权。

## 8.5　QDII基金的买入技巧

QDII 基金的买入技巧，一般可以从人民币、美元汇率和国外股票市场两个方面入手，具体如下所述。

（1）QDII 基金可以人民币、美元或其他主要外汇货币为计价货币募集，因此投资者每年可以等待人民币汇率上升的时候购买，这样购买力增强，可以买到更多份额。

（2）QDII 基金主要进行国际市场投资，这不但给了投资者新的投资机会，而且国际证券市场与国内证券市场相关性较低，也为投资者降低了组合投资风险。因此，可以等国外股票市场一些股票跌到底部的时候建仓，反转向上的时候加仓买入，这样可以有效地获利。

## 8.6 QDII基金定投实战

下面利用天天基金网，了解一下如何实现 QDII 基金定投。

选中要定投的 QDII 基金后，单击其后的"定投"按钮，即可进入"基金定投登录"页面，如图 8.7 所示。

图8.7 "基金定投登录"页面

输入交易账号和交易密码，然后单击"登录"按钮，即可进入"基金定投"页面，如图 8.8 所示。

图8.8 "基金定投"页面

在这里可以看到投资者选择的定投基金代码（162719）、基金名称（广发道琼斯石油指数人民币 A）、基金类型（QDII、高风险等级、前端收费）、分红方式（现金分红）。

还可以看到定投基金的概要信息，即定投基金的基金管理人（广发基金管理有限公司）、基金托管人（中国银行股份有限公司）、运作方式（普通开放式）、开放频率（每个开放日）。

向下拖动垂直滚动条，即可进一步设置基金定投选项，如图 8.9 所示。

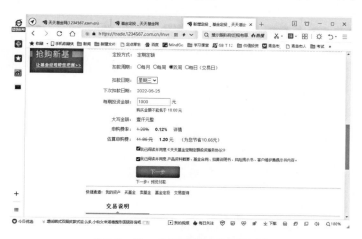

图8.9　进一步设置基金定投选项

在这里可以看到定投方式为定期定额。

扣款周期为每月、每周、双周、每日（交易日），在这里选择的是"双周"。

扣款日期为星期一到星期五，在这里选择的是"星期三"。

看到下次扣款日期为 2022 年 5 月 25 日。

每期投资金额就是每期定投的钱数。注意购买金额不能低于 10 元。在这里设置为 1000 元。

输入每期投资金额后，就可以看到大写金额、申购费率。需要注意的是，默认申购费率为 1.20%，现在优惠到 0.12%。单击其后的"详情"按钮，就会弹出该基金申购费率（前端）和赎回费率的详细信息，如图 8.10 所示。

**广发道琼斯石油指数人民币... (162719)** ⊗

申购费率（前端）

| 投资金额 | 银行卡申购费率 | 活期宝申购费率 |
| --- | --- | --- |
| 小于100万元 | 0.12% | 0.12% |
| 大于等于100万元小于300万元 | 0.08% | 0.08% |
| 大于等于300万元小于500万元 | 0.04% | 0.04% |
| 大于等于500万元 | 每笔1000元 | 每笔1000元 |

赎回费率

| 持有期限 | 赎回费率 |
| --- | --- |
| 小于7天 | 1.50% |
| 大于等于7天,小于1年 | 0.50% |
| 大于等于1年,小于2年 | 0.25% |
| 大于等于2年 | 0.00% |

图8.10　广发道琼斯石油指数人民币A的申购费率（前端）和赎回费率的详细信息

在这里可以看到，当投资金额大于等于 500 万元时，每笔申购费是固定的，只有 1000 元。

当投资金额小于 100 万元时，申购费率为 0.12%。

当投资金额大于等于 100 万元小于 300 万元时，申购费率为 0.08%。

当投资金额大于等于 300 万元小于 500 万元时，申购费率为 0.04%。

总之，投资金额越大，申购费率就越低。

而赎回费率具体如下所述。

持有基金小于 7 天，赎回费率为 1.50%。

持有基金大于等于 7 天，小于 1 年，赎回费率为 0.50%。

持有基金大于等于 1 年，小于 2 年，赎回费率为 0.25%。

持有基金大于等于 2 年，赎回费率为 0，即没有赎回费用。

总之，持有基金的时间越长，赎回费率越低。

选中"我已阅读并同意《天天基金定期定额投资服务协议》"前的复选框，同时选中"我已阅读并同意产品资料概要、基金合同、招募说明书、风险揭示书、客户维护费揭示书内容。"前的复选框。

然后单击"下一步"按钮，就会进入"预览定投计划"页面，如图 8.11 所示。

图8.11 "预览定投计划"页面

如果不认同定投，可以单击"返回修改"按钮。如果认同定投，就可以输入基金交易密码，然后单击"下一步"按钮，这样定投计划即可设置成功。

# 第 9 章

## 基金定投策略

思路决定出路，只有掌握正确的基金定投策略，并且在实际基金定投过程中加以运用，才能成为真正的赢家。本章将详细讲解基金定投策略。

### 本章主要内容包括下述各点。

◎ 定投金额的选择技巧

◎ 小金额定投只选择一只基金

◎ 大金额定投选择基金组合的技巧

◎ 基金定投周期多长合适

◎ 收入增加前提下如何定投基金

◎ 定投基金如何进退

◎ 以子女教育为目标进行基金定投的策略

◎ 以置业为目标进行基金定投的策略

◎ 以养老为目标进行基金定投的策略

◎ 三大错误导致基金定投赔钱

## 9.1 定投金额的选择技巧

想进行基金定投的投资者往往会问，每月定投多少钱合适呢？如果投资金额太小，感觉没什么意思；如果投资金额太大，短期内见不到收益就会有点心慌。投资者该如何选择定投金额呢？

有两种比较简单的方法，可以算出每月投资多少钱合适，分别是二分之一法、10% 和 50% 法。

### 9.1.1 二分之一法

二分之一法是指每月基金定投金额 =（月收入 – 月支出）÷2。

例如，投资者当前的月收入和奖金共有 12000 元，平时吃喝玩乐和生活费用加起来月均支出为 8000 元，那么每月结余为 4000 元，除以 2 就是 2000 元。那么定投金额就可以设定为 2000 元 / 月，剩下的 2000 元储存，以备不时之需。

### 9.1.2 10%和50%法

10% 和 50% 法是指每月拿出月收入的 10% 和奖金的 50% 来进行基金定投。

例如，投资者当前的月收入为 8000 元和奖金为 4000 元，那么用于基金定投的金额为 8000 元乘以 10%，加上 4000 元除以 2，即 8000×10% + 4000 ÷ 2 = 2800 元。

如果当前工作稳定，收入比较高，可以先多投资，等到了用钱紧张时，就少投资，等有钱可再加仓。但有一个前提，即不能增加自己的生活负担，不能影响自己的生活质量，做到快乐定投。另外，基金定期投资是一种长期的理财方式，需要不断坚持。

## 9.2 不同投资金额的基金定投技巧

在投资理财时，很多投资者喜欢基金定投。一般情况下，基金管理人对基金定投的金额有下限规定，没有明确的上限规定，那么对于每期不同的定投金额又该如何选择定投呢？

### 9.2.1 小金额定投只选择一只基金

对于普通投资者而言，每月定投金额不大，比较适合只定投一只基金。投资者要明白，金额小，分散定投不但不能获得很好的投资效果，反而会增加定投的管理成本。这时，投资者如果又想减少风险，可以选择混合型基金进行定投。

> **提醒**：混合型基金是可以投资于股票、债券和货币市场等多种金融工具的基金产品，配置比例较为灵活。混合型基金的持仓要求比较灵活，既可以在上涨时调高股票仓位，也可以在下跌时调整仓位减少损失。因此，从更长期的业绩回报来看，优秀的混合型基金的收益往往比指数型基金和股票型基金高。如果行情震荡的话，优秀的混合型基金也可以帮助投资者获得收益。

## 9.2.2 大金额定投选择基金组合的技巧

如果一个月薪40000元的中高收入人士有足够的闲余资金做基金定投，根据实际情况每月定投金额达到10000元。那么，这10000元定投到一只基金上，风险是相当高的，这时就需要采用基金定投组合了。

基金定投组合的构建，可以借助"核心基金＋卫星基金"的投资组合模式。在"核心基金＋卫星基金"中，核心基金讲究中长期的稳健收益，卫星基金则追求高成长潜力。在市场行情上涨时，通过卫星基金可以分享成长型基金的优势；市场波动时，通过核心基金的稳定性可以降低可能产生的亏损，起到互补的作用。

混合型基金的风险、收益适中，投资者将其作为核心基金也是一种不错的选择。构建基金定投组合，除了应考虑配置不同类型的基金外，还要考虑不同类型基金的配置占比。

## 9.3 基金定投周期多长合适

基金定投最重要的就是选择合适的时间，所以投资者需要在操作之前选择周期。大家都知道基金赚钱的本质是低买高卖，在市场低估值时买入、高估值时卖出，赚取利益是进入基金市场的首要目的。通常一次定投的期限应设置为3~6年。定投并非一个短期投资的过程，基金适合长期持有，定投时间太短亏损概率高。但是基金定投并非时间越久越好，股票市场是周期轮动的，定投时间太长，资金量累积过大时，市场的波动会导致收益的巨幅波动。

通常情况下，基金定投最好能经历一个牛熊周期，3~6年的时间恰好能最大限度地分摊成本，同时保证获利的最大化。因为从平均年化收益率数据来看，随着定投时间的增加，收益率并不是逐年增高的，反而有下降的趋势，所以设置好基金定投的周期是非常重要的。

> **提醒**：在基金投资市场中，基金定投本身是不错的投资手段，投资者能正确地运用定投则能够大大地降低风险。基金定投周期最好为3~6年，定投这种买入方式本质上是通过长期持续的买入降低波动性，所以通过长期持续的买入，将整体的成本趋向于这一时期的平均成本。

# 9.4 收入增加前提下如何定投基金

随着职业年限的增加、劳动技能的提高、职位的升迁，许多因素都会使投资者个人或者家庭的收入增加。收入增长，必然会使可用来投资的资金增多。那么，在收入增长的前提下，就有必要调整基金定投的金额，因为适时提高每月扣款额度是一种缩短投资期限、提高投资效率的重要方式。

增加基金定投金额主要有两种方式，如图 9.1 所示。

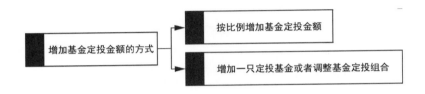

图9.1 增加基金定投金额的方式

1）按比例增加基金定投金额

例如，李先生 3 年前定投了 3 只基金，每月投资金额共 1500 元。3 年后，他因工作出色，被提升为部门经理，月收入增加了 1500 元，但月开支却维持在一个不变的水平。因此，他除了可以将增加的 1500 元收入中的 500 元用来提升自己的生活质量外，其余的 1000 元可用来增加基金定投的金额。由于现有收入的提高，又因单位效益不断好转，收入还有增长的可能，因此李先生的承受能力有了较大的提升，他计划将增加定投的 1000 元平均分配给指数型基金和股票型基金，另一只混合型基金的定投金额保持不变，如表 9.1 所示。

表9.1 李先生基金定投组合调整

| 调整前的基金定投组合 | | 调整后的基金定投组合 | |
| --- | --- | --- | --- |
| 基金类型 | 定投金额 | 基金类型 | 定投金额 |
| 指数型基金 | 500 元 | 指数型基金 | 1000 元 |
| 股票型基金 | 500 元 | 股票型基金 | 1000 元 |
| 混合型基金 | 500 元 | 混合型基金 | 500 元 |

2）增加一只定投基金或者调整基金定投组合

老张夫妇俩都是国家公务员，原先由于要供孩子上大学和找工作，家庭节余不多，每月定投 600 元的基金。2018 年孩子大学毕业后，为就业奔波了两年，2020 年总算稳定在一家企业工作，在经济上能自给自足了。因此，老张想每月增加 900 元的定投金额，其基金定投组合调整如表 9.2 所示。

表9.2　老张基金定投组合调整

| 调整前的基金定投组合 | | 调整后的基金定投组合 | |
|---|---|---|---|
| 基金类型 | 定投金额 | 基金类型 | 定投金额 |
| 混合型基金 | 400 元 | 混合型基金 | 1000 元 |
| 债券型基金 | 200 元 | 债券型基金 | 500 元 |

　　因收入增长而增加定投金额，要做到适度，既要确保所增加的收入能最大限度地用于投资，又要防止过度增加定投金额，即盲目高额定投。在实战投资中，有些投资者对自己未来现金的需求估计不足，盲目签订高额定投协议，超负荷地高额定投，一旦财务状况发生变化，现金流紧张，就可能中断基金定投。如果现金流持续一段时间紧张，也可以修改协议，暂时调低定投金额。

# 9.5　定投基金如何进退

　　一年有春、夏、秋、冬四季，股市也有季节转换——牛市、熊市、震荡市。四季变化需要添减衣物，而股市变化也需要调整策略，买卖股票如此，基金定投更应该如此。下面就来具体讲解一下定投基金如何进退。

　　定投基金如何进退主要有 4 个方面，如图 9.2 所示。

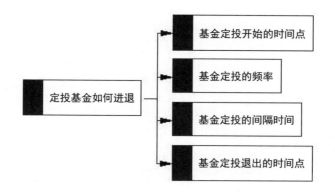

图9.2　定投基金如何进退

　　📶提醒：根据多年实战经验可知，基金退出的时间点是影响定投收益的关键，而入市的时间点、定投频率、间隔时间影响比较小。

1）基金定投开始的时间点对收益的影响

首先，我们来了解基金定投开始的时间点对收益的影响。假如我们选择沪深300指数作为定投标的，定投结束的时间点确定为2015年12月，起点则分别为2007年3月（牛市中期，2781点），2007年10月（牛市最高点，5688点），2008年4月（熊市中期，3959点），2008年11月（熊市最低点，1829点）。

在上述四个时点，每月月末投入1000元，到期的投资收益率分别为31.59%、34.29%、37.87%、37.34%。

从数据上看，4个不同的时间点开始定投，并没有使到期收益率产生太大的差异。由此可见，定投开启的时间点并不是很重要，但其前提是定投时间比较长，需要坚持3~5年以上。

为什么在不同的时间点开始定投，收益率没有多大差异呢？这是因为在2007年10月最高点，投资者买入的份额很少，即使这部分出现较大亏损对整体头寸的影响也很小。不过，如果从2007年10月开始定投，仅仅持有到2008年10月，则会出现较大幅度亏损。因此，定投的第一步是坚持长期投资。

2）基金定投的频率问题对收益的影响

其次了解一下基金定投的频率问题对收益的影响。很多投资者会问，到底该选择月定投、周定投还是日定投呢？

据实战统计，高频率定投有助于平滑收益率曲线，但是对收益影响不大。同样以定投沪深300指数为例，第一种策略是从2010年1月起至2015年12月，每月月末投入1000元；第二种策略是从2010年1月起至2015年12月，每周周末投入1000元。从期末收益率来看，周定投的收益率为35.67%，月定投的收益率为36.38%，两者并没有显著差异；而从收益率曲线来看，周定投的收益率曲线明显比较平滑。

3）基金定投的间隔时间对收益的影响

再次了解一下基金定投的间隔时间对收益的影响。一个月究竟在哪一天定投更好？从长期看，固定间隔内不同的投资时间点对收益影响不大。

假设定投沪深300指数，从2010年1月起至2015年12月，每月投入1000元，分别对"月初、月中、月末"三种方式进行比较。在月初、月中、月末进行定投，得到的定投收益率曲线在初期会略有差异。但随着时间的推移，三条曲线几乎就会重叠。

4）基金定投退出的时间点对收益的影响

最后了解一下基金定投退出的时间点对收益的影响。定投退出时间点的选择，是基金定投最重要的环节。根据多年实战经验可知，及时止盈退出是基金定投的关键。

假设定投沪深 300 指数，自 2002 年 1 月起至 2015 年 12 月，每月投入 1000 元。随着沪深 300 指数的波动，沪深 300 的定投收益率也会波动，到 2007 年牛市，最高收益率达到 300% 以上。但随着 2008 年熊市的到来，收益率迅速下降，2008 年 10 月仅为 19.27%。一直等到下一轮牛市开启，定投收益率再次上升，所以及时地止盈退出是关键。最好的方式是制定止盈标准，在牛市中及时止盈退出，并开启新一轮定投。

5）定投基金进退实例

李先生是一位 IT 技术男，他的日常开销量不大，工资除去住宿和伙食费外基本可以存下来。他每月拿出 1000 元定投广发中证 500ETF 联接（162711）。1 年后，李先生发现定投账户浮亏 20%。但朋友建议他继续定投，理由是市场下跌应该加大定投的额度，市场上涨反而要减少定投资金。只要能坚持到下一轮牛市，还是能获得不错的投资回报。当市场跌到 2000 点时，他将每个月的定投金额提升至 2000 元。

2015 年 4 月，老家的父母要盖房子，李先生赎回了定投接近 5 年的基金，总收益翻了 1 倍，虽然不是卖在最高点，但他感到心满意足。

通过上述实例可知，基金定投的退出时间点是影响基金定投收益高低的关键，但最核心的还是考验投资者的毅力，必须坚持长期投资，千万不能在熊市惨痛割肉。只要坚持到下一轮牛市，曾经浮亏的筹码就会变成未来赚钱的"主力军"。

## 9.6 以子女教育为目标进行基金定投的策略

为子女储备教育金除了及早开始外，具体如何累积这笔为数可观的资金，也是一个问题。利用基金公司的定期定额计划，同时把握好以下原则，将有助于投资者达成目标。

### 9.6.1 搭配长期、短期理财目标，选择不同特色的基金

根据个人或家庭的短、中、长期不同理财目标决定投资工具与方式，是最基本的投资原则。但是，如果决定以定期定额投资共同基金的方式筹措资金，那么就必须注重投资的风险程度与基金属性。

以筹措 50 万元子女留学基金为例，若财务目标金额固定，而所需资金若是短期需要，那么就必须提高每月投资额，但应降低投资风险，以稳健型基金投资为宜；但如果投资期间拉长，那么投资人每月所需投资金额就可以降低，而将可承受的投

资风险提高。适度调整积极型与稳健型基金的投资比重，可以使投资者获取更大的收益。

## 9.6.2 根据财务能力弹性调整投资金额

随着就业时间拉长、收入提高，家庭的每月可投资总金额也会随之提高。尤其是在原本投资的基金趋势正确、报酬率佳的前提下，适当增加投资金额，即可早日达到投资目标。

## 9.6.3 固定总投资金额下，依重点市场分配投资比重

如果在短期内不会调整每月总投资金额，而且投资期间较长，那么投资者也应该定期检视投资组合的适宜程度，依照重点潜力市场分配不同的投资比重。例如，在利率上升期暂时避开中长线债券组合，而多关注货币市场基金等。

## 9.6.4 适时部分赎回或转换，资金活用不受限

许多投资者误以为定期定额投资要办理赎回手续时，只能将所有的持有单位数全部赎回结清。其实，定期定额投资与单笔投资一样，也可以部分赎回，或部分转换。

不少投资者因为一时急需资金作其他用途，所以就采取部分赎回基金的方式，但是定期定额的协议仍存续，每个月仍可持续扣款。但如果是为了投资期间被迫缩短，或是所需资金增加，那么就必须调整投资内容，投资者可将原有的基金部分单位转换至符合新的理财目标的基金，而继续以定期定额方式投资。

# 9.7 以置业为目标进行基金定投的策略

一些工薪阶层选择基金定投多以置业、购车及储备创业资金为目的，这类人群虽然可以承受较高的风险，有较高的理财目标，但其面临的短期、临时性的开支比较多。为满足这些短期的资金需求，在进行定投组合选择时，不宜全部定投股票型基金或偏股混合型基金，应适当配置一些债券型基金或偏债混合型基金，以防止短期内资金周转困难。

需要注意的是，这些人群对财富增值有较大的期望，因此固收类基金的比例不应过大，控制在 30% 以内为宜，大部分可以配置股票型基金或偏股混合型基金。

## 9.8　以养老为目标进行基金定投的策略

养老资金对资产的安全性要求很高，养老资金的基金定投组合要在稳健、安全的基础上争取高收益。养老定投是长期投资，要根据投资者年龄变化调整定投组合。如果投资者正处于青壮年、离退休时间较长，可以提高权益类基金的比例；如果投资者离退休时间较短，则不宜进行较高风险的投资。随着退休年龄将近，投资者可以逐步降低权益类基金的比例。

## 9.9　三大错误导致基金定投赔钱

同样是做基金定投，为何有的投资者赚大钱，有的投资者却赔钱？究其原因，可能在于心态和做法。如果投资者懊恼定投赚不到钱，要注意三个方面的问题，分别是市场震荡就贸然停扣、扣款三个月没赚钱就立刻离场和没有选对定期定额投资的基金。

### 9.9.1　市场震荡就贸然停扣

很多基金定投亏损的投资者在遇到市场震荡时，或是因为担心越跌越厉害而赶紧赎回，或者想等到市场企稳之后再继续扣款。其实，投资最好的方式就是持续扣款，耐心等待市场回稳。基金定投方法的特色之一是每月投入固定的金额，获得涨时少买、跌时多买的效果，如果在市场下跌的时候停止扣款，那就无法起到平均成本的作用了。

### 9.9.2　扣款三个月没赚钱就立刻离场

在选择基金定投时，也有一部分投资者在刚开始进入基金市场时就抱着玩玩看的态度，结果只坚持了三个月，看到赚得不多就没有耐心而离场了。

其实，选择定期定额基金定投，就要有长期投资的心理准备。一般来说，定期定额的投资期限应该大于或等于一个市场周期，这样就能在市场下跌、基金净值低时，有机会买到较多的基金份额；等到市场上涨、基金净值高时，之前累计的基金份额就有机会换取更高的收益。

### 9.9.3 没有选对定期定额投资的基金

并非所有的基金都适合基金定投的投资方式，投资者在选择时，要注意把握下述投资原则。

首先，应该选择投资经验丰富且业绩长期稳健的基金公司；其次，波动性较大的基金更加适合采用定投的方式，尤其是目前股市处于低位，市场反复震荡时，可以尝试以定期定额的方式进行投资，长期坚持下去，就会有好的投资效果。